KB268740

금융기관의 on-demand 혁신전략

IBM BCS KOREA

최명주|정일만|최재을|김건우|김형민 지음

한국경제신문

　21세기에 접어들면서 국내외 금융환경은 그 어느 때보다 불확실하고, 금융기관 간 경쟁은 매우 치열해졌다. 특히 향후 3~5년 동안 금융기관들은 유례없는 치열한 생존경쟁을 치를 것으로 예상된다. 이러한 시장여건 하에서 환경의 변화 방향을 정확하게 판단하고, 경쟁력을 갖춘 준비된 금융기관만이 확고한 시장지위를 확보하게 될 것이며, 시장 역시 뚜렷한 핵심역량을 보유한 금융기관들을 중심으로 재편될 것이다.

　이 책에서는 국내 금융기관이 직면하고 있는 도전과 기회요소, 금융업의 글로벌 메가트렌드 변화와 시사점을 분석하고자 한다. 아울러, 생존을 위한 금융기관의 변화 방향을 핵심역량 분야별로 나누어 제시하고자 하며, 다음과 같은 세 가지 접근방법을 통해 각 주제 영역에 대해 다루고자 한다.

첫째, 국내 금융기관의 변화 방향을 설정할 때 이론 중심적인 접근은 문제를 체계적으로 정리하고 논리적인 방법을 제공하는 데는 유용하다. 하지만 독자들로 하여금 실제 문제를 피부로 느끼게 하고, 이의 해결을 위한 실제 행동으로 옮기게 하는 데는 한계점을 가질 수 있다.

따라서 이 책에서는 IBM 비즈니스 컨설팅 서비스(이하 IBM BCS)가 가지고 있는 국내외 금융기관의 컨설팅 경험에 바탕해 실제 사례 중심으로 논의를 전개해 나가고자 한다. 또한 우리보다 2~3년 정도 시차를 두고 앞서나가고 있는 미국과 유럽계 금융기관이 직면하고 있는 문제와 함께 우리의 현재 상황을 분석함으로써 앞으로 닥쳐올 환경에 대해 그 시사점을 제시하고자 한다.

둘째, 이 책은 시장환경 및 고객 니즈(needs)의 변화로부터 이에 대응하기 위한 채널 및 후선업무 운영, 그리고 경영관리 부문과 IT 아키텍처 설계에 이르기까지 초일류 금융기관으로의 변화를 위한 전체 영역을 차례로 조망해 보고자 한다. 아울러 금융기관들이 자신의 기관을 변화시켜 나가는 데 전체를 조망해 볼 수 있는 하나의 지침서로 이용할 수 있도록 구성하고자 한다.

셋째, 현재 금융기관의 많은 변화는 금융시장의 통합화 추세, 고객 니즈의 변화, 글로벌화(globalization), 그리고 IT 기술의 혁신에 그 근본 원인을 두고 있다. 이 같은 환경은 금융기관으로 하여금 전략적인 판단과 행동을 요구하고 있다. 따라서 성공적인 금융기관으로의 변화를 추구하기 위해서는 비즈니스에 대한 이해에 바탕한 전략 수립이 선행되어야 한다. 이를 조직 내에 성공적으로 체화하기 위해서는 IT 기술의 구현이 반드시 뒷받침되어야 한다. IBM BCS는 비즈니스 전략 수립에서부터 조직·프로세스의 개선, 그리고 시스템 구현에 이르기까지 End-to-End 솔루션을 제공할 수 있는 역량을 보유하고 있다. 따라서 이 책에서도 단순한 방향 제시에만 그치지 않고, 이 같은 역량을 독자들에게 전달할 수 있도록 조직 내 진정한 변화를 유도하기 위한 시스템의 구축 방안까지를 각 부문에서 다루고자 한다.

이러한 접근방법에 바탕한 이 책은 향후 21세기 금융기관 변화의 큰 축이 될 수 있는 5대 주제 영역 하에서 각각을 하나씩의 장으로 구성했다.

5대 주제 영역에 대한 선정은 국내 금융기관들이 급변하는 시장 환경과 치열한 경쟁 상황 하에서 '초일류 금융기관' 으로서의 경쟁력을 갖추기 위해 1) 시장의 변화 방향과 고객 니즈에 대한 이해를 바탕으로 21세기 성장전략의 핵심이 무엇인지를 판단해 경쟁력을

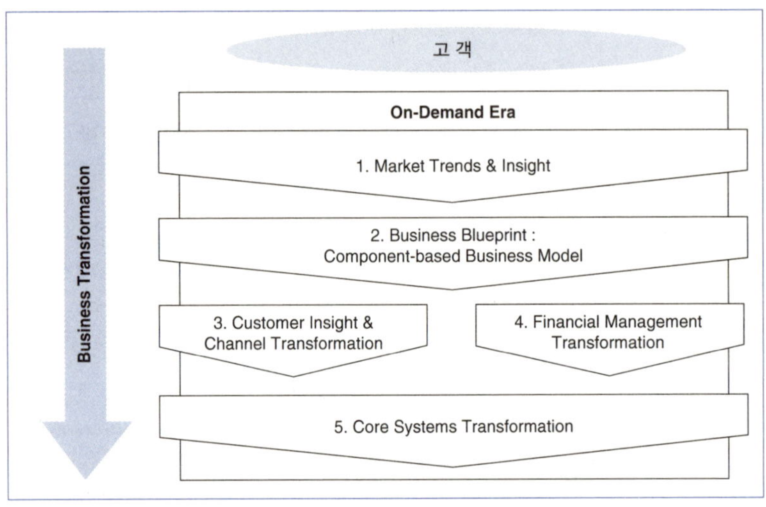

제고하기 위한 전략을 수립하고, 2) 이러한 전략을 실행에 옮기기 위한 유연성·확장성·효율성을 추구하는 컴포넌트 기반의 비즈니스 구조에 대한 청사진을 도출, 3) 채널(distribution), 비즈니스 운영(operation), 경영관리(management)상의 변화 방향을 결정한 후, 경영진의 리더십 하에 진정한 비즈니스 변화(transformation)를 추구해야 한다는 데 기반을 두고 있다(그림 참조).

따라서 이 책에서는 이러한 주제 영역 하에서 현재 독자들이 가장 관심이 있을 것으로 예상되는 이슈들을 중심으로 다음과 같은 순서로 구성하고자 한다.

1장에서는 먼저 과거 1990년대 국내외 금융기관의 성장전략과, 이러한 전략의 성과와 현재 나타나고 있는 한계에 대해 살펴본다. 또한 이러한 한계를 극복하기 위한 성장전략의 핵심으로서 '금융기관의 on-demand 경영혁신'에 대해 알아본다.

2장에서는 1장에서 설명한 on-demand 금융기관으로의 변화를 위한 금융기관 내부의 재구성 전략과, 금융산업의 네트워크화 전략을 조직 내에서 구현하기 위한 전사적인 변화의 청사진 도출 방법론으로서 '컴포넌트 기반의 비즈니스 모델'에 대해 설명한다.

전사적인 변화의 청사진이 완성되면 각 부문별로 좀더 구체적인 변화 전략의 실행이 필요하다. 먼저 금융기관의 수익성 제고에 가장 많은 영향을 미치는 고객-채널-상품 전략을 중심으로 한 '고객관계관리와 고객중심의 금융기관으로의 변환' 전략에 대해 3장에서 살펴본다. 4장에서는 3장에서 살펴본 금융기관의 고객-상품-채널 전략이 얼마나 조직 내에서 잘 수행되는지, 전사적인 관점에서 통합적으로 관리할 수 있는 '전사적 통합 경영관리 체계'에 대해 설명한다.

마지막으로 5장에서는 2~4장에서 설명한 각 부문별 실행 전략을 실제 조직 내에서 구현하는 데 시스템적 백본의 역할을 하는 '코어 시스템 전환' 전략에 대해 살펴본다.

물론 21세기 on-demand 금융기관으로의 변화에 요구되는 모든 전략을 한 권의 책에서 다루기는 벅찬 것이 사실이다. 하지만 변화의 중요한 축이 되는 고객관리전략, 경영관리전략, 그리고 금융기관에서 이를 뒷받침하는 가장 중요한 기반이 되는 코어 시스템 구축 전략에 대해 방향을 제시하는 것은 매우 의미 있는 일이라고 판단된다.

수많은 경영관련 문헌이 나와 있으나 주로 하나의 주제에 대해 국지적 문제 인식과, 이에 바탕을 둔 해결방안을 다루는 경향이 있다. 하나의 방법론과 국지적 솔루션으로 해결되기 어려운 이슈가 대부분이다. 진정한 의미의 솔루션은 올바른 전략 방향이 전사적 관점에서 설정되고, 이것이 채널에서부터 후선업무에 이르기까지, 그리고 해당 부서의 프로세스 · 조직에서부터 시스템 구현에 이르기까지 밀접하고 일관성 있게 연결되어야 한다.

이러한 고민의 일환으로 IBM의 글로벌 솔루션과 경험을 국내 금융기관의 21세기 대안적 성장 전략의 관점에서 정리하게 된 것이다. 아울러 금융기관의 핵심역량 요소에 대해 전체적인 관점에서 정리하고 있다. 이 책이 on-demand 금융기관으로의 변환전략에 대한 종합적이고 정리된 시각과 방향을 제시해 줄 수 있기를 바란다. on-demand 시대, 선두 금융기관을 향한 전략과 실행방안을 고민하는

금융기관 임직원과 동북아 시대 금융 허브를 향한 정책 지원방안을
고민하는 금융정책 및 감독검사 담당관 여러분께 도움이 될 수 있기
를 기원한다.

2004년 3월

부사장 **최 명 주**

IBM BCS 금융센터 대표

차 례

5 운영 효율화를 위한 코어 시스템 전환

금융기관의 on-demand 경영혁신

1

현재 금융산업은 과거에 보기 힘들었던 혁신적인 변화를 겪고 있다. 전통적인 금융산업의 경계가 흔들리고 있을 뿐 아니라 글로벌 차원으로 경쟁이 확대·심화되고 있다. 오랜 전통을 지닌 금융기관들이 후발주자에게 합병을 당하기도 하고, 외국 금융자본이 토종 금융기관을 인수하는 등 금융산업이 재편되고 있다. 이와 같은 변화의 기저에는 금융혁신이나 정보기술의 발달, 금융규제의 변화 등이 있다고 볼 수 있다.

이 장에서는 1990년대 금융기관을 주도했던 경영상의 주요 전략을 살펴보고, 새롭게 부상하는 금융환경 변화추세 분석을 통해 향후 금융기관이 나아가야 할 방향을 제시하고자 한다.

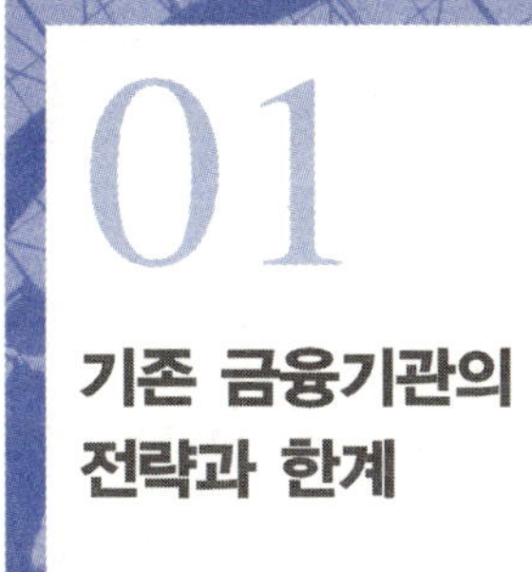

지난 1990년대 선진 금융기관을 풍미했던 가치창출 전략은 크게 주주가치 극대화를 위한 수익구조 다변화, 인수·합병, 자산유동화로 요약된다.

여기에서는 기존 가치창출 전략을 검토하고, 그 한계를 분석해 새로운 비즈니스 전략을 위한 시사점을 도출하고자 한다.

1. 수익구조 다변화 전략

선진 은행들은 대부분 금융산업의 통합(financial convergence)이라는 시대적 조류에 편승, 전통적인 예대마진 중심에서 수수료 기반의 상품·서비스, 비은행 금융상품 및 복합(hybrid) 금융상품 등으로 수익구조를 다변화하기 시작했다. 그 결과 미국 은행의 경우

1990년대 총수입 대비 비이자 수입은 연평균 9.4%(CAGR) 성장했고, 전체 수익에서 차지하는 비중도 점진적으로 확대되었다. 그러나 2000년대 들어 과거 10년 간 주요 수익원이었던 비이자 수입비율이 점차 보합세를 보이기 시작했다. 아래 〈그림 1-1〉이 보여주듯이 총수입 대비 비이자수입 비율은 1999년 25.8%를 정점으로, 2000년 이후에는 25%대에서 정체되고 있다. 이러한 경향은 미국 이외의 선진은행 사례에서도 나타나고 있다. 영국 40%, 독일 20%, 호주 55%대로 주요 선진국 은행의 비이자 수입 비중이 점차 정체되는 상황이다.

한편 국내 은행들에 있어서도 총수입 대비 비이자 수입비율이 1990년대 중반까지 해외사례와 비슷한 성장세를 보여왔다. 그러나 1998년 25.9%를 정점으로, 2000년 이후에는 20%대에 머무르고 있다.

그림 1-1 미국계 은행의 비이자 수입비율 추이(1990~2001)

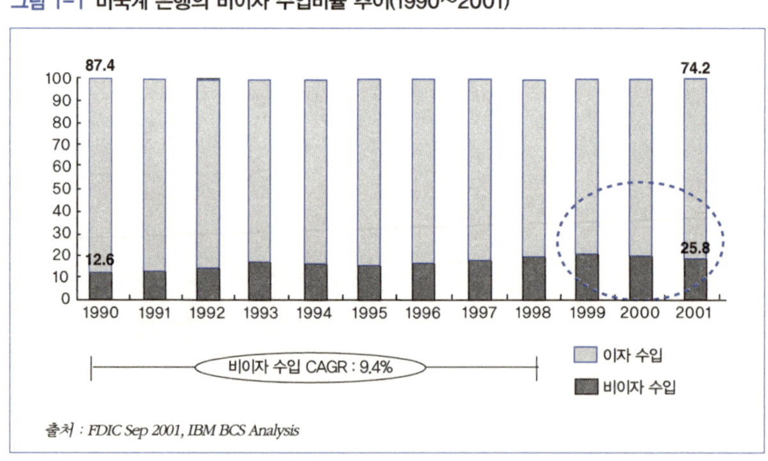

비이자 수입은 은행의 가치제고에 매우 중요한 요소다. 최근 들어 부유층을 대상으로 한 투자상품 판매, 방카슈랑스 도입 등 은행의 수수료 수입 증대 노력은 올바른 전략방향이라 할 것이다. 특히 자금이체, 외환송금, 수표 발행, 공과금 수납, 어음 교부 등 원가에 미치지 못하는 비이자 서비스 개선이 절실하다. 그럼에도 불구하고 향후 비이자 수입의 획기적인 성과개선은 점차 어려워질 것으로 전망된다.

2. 인수 · 합병 전략

선진 금융회사들은 인수 · 합병에 의존한 성장전략을 지속적으로 추진하고 있다. 일반적으로 인수 · 합병 전략은 대형화(consolidation)와 겸업화(diversification)로 구분할 수 있다. 대형화는 비용 · 수익 효율

그림 1-2 국내 일반은행의 비이자 수입비율 추이(1991~2001)

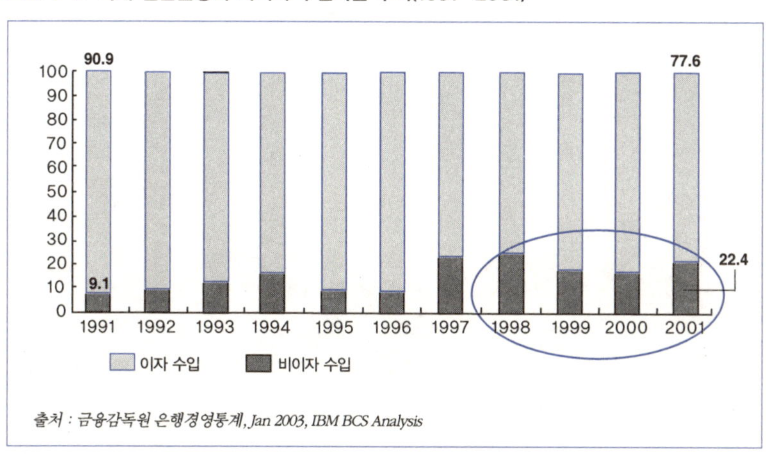

성 제고를 위해 동종 업종 간 결합을 통해 이루어진다. 반면 겸업화는 사업부문의 고도화와 필요 역량의 보완이라는 관점에서 타업종의 금융기관을 인수하는 형태다.

미국계 금융기관의 경우 인수·합병전략은 지역 내, 지역 간, 업종 간 M&A 단계를 거쳐 추진되어 왔다. 그러나 아직까지도 인수·합병의 결과가 주주가치 증대에 실질적으로 도움이 되었는지에 대해서는 의견이 분분하다. 이론적으로도 합병 효과는 긍정적·부정적인 측면이 혼재되어 나타난다. 이해당사자들은 여전히 합병의 긍정적 효과를 기대하고 있지만, 최근에는 인수·합병의 시너지 효과가 기대만큼 크지 않은 것으로 나타나고 있다. 미국 증권가에서도 M&A로 인해 주가가 폭등하던 시대는 마감되어 가는 느낌이다.

그림 1-3 미국 은행 구조조정 추진 경과 및 주가수익률 추이

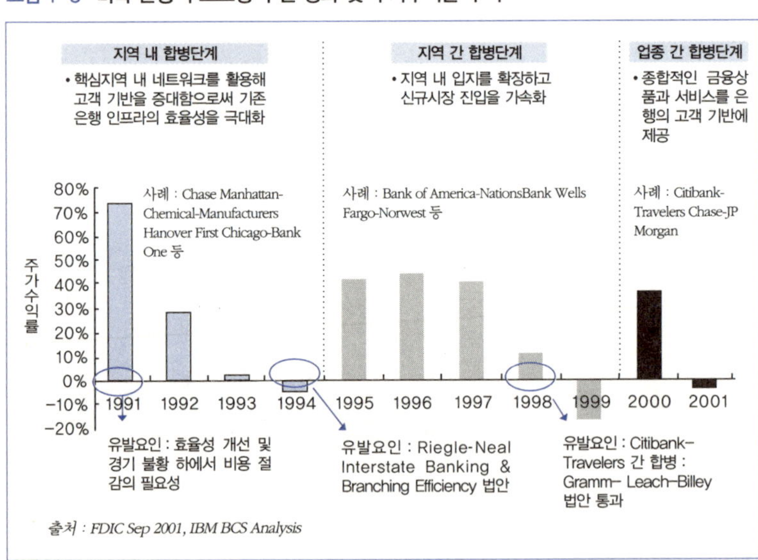

우리나라에서의 금융기관 대형화는 외국사례와는 다른 역사적 배경을 지니고 있다. 미국의 금융기관은 효율성 개선 및 비용절감, 지역기반 확대를 통한 신규시장 진입, 고객에 대한 교차판매(cross-selling) 등을 위해 M&A를 추진했다. 반면, 국내 금융기관은 1997년 말 외환위기 이후 정부 주도의 구조조정 과정에서 대형화와 업종 다각화를 진행했다. 특히 은행의 경우, 정부 주도의 대형화 정책으로 상위권 소수 은행들이 업계를 주도하는 시장 과점 현상이 나타나고 있다. 인수·합병이 개별 은행의 기업가치를 제고시켰는지는 몰라도 경쟁정책 측면에서 부작용이 표출된 것이다.

시장집중도(concentration ratio)의 증가가 경쟁을 실질적으로 제한한다는 실증분석 결과는 아직 없다. 하지만 산업구조의 불안정성은 은행 간 과당경쟁 등 시장행태 측면에서 부작용을 낳을 가능성이 있다. 국내 은행산업의 경우 인수·합병의 작업이 끝나지 않고 현재 진행 중이므로, 최종 모습이 완성될 때까지 승자가 되기 위해 은행 간 규모확대 노력이 지속될 것이다. 수익성이 아닌 외형 중심의 경영전략 추진은 금융기관의 성과를 저해하고 금융산업의 체제적 위험을 높일 수 있다.

이러한 논의가 시사하는 바는 금융기관 간 합병은 기업가치 제고의 종착역이 아니라 출발점이라는 사실이다. 통합 후의 지속적인 노력 없이는 M&A의 실질적 효과가 가시화되지 못한다. 수익성, 고객 유치 능력, 기술혁신 중심의 경쟁력 제고가 창출되어야만 결합된 조직에서 시너지 효과가 발휘될 수 있다. 합병 후 통합전략(post-merger integration: PMI)이 합병 그 자체보다 더욱 중요한 이유가 바로 여기

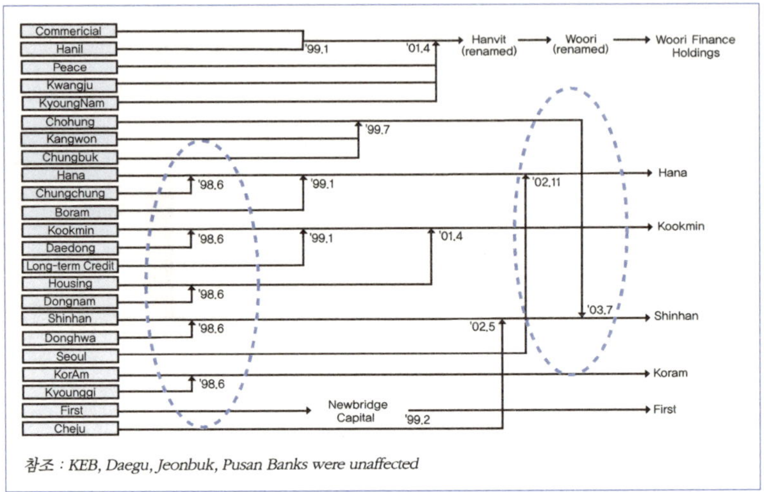

에 있다.

3. 자산유동화 전략

금융기관에 있어 자산유동화는 한정된 자본을 가지고 지속적 성장을 가능케 하는 중요한 수단이다. 금융기관은 자산유동화를 통해 대차대조표상의 리스크를 이전(risk transfer)하고자 한다. 이와 같이 자산유동화 시장의 효율적 작동은 한 나라 금융 시스템의 안정성을 제고해 주는 받침대 역할을 한다. 해외 선진 금융기관은 증권화를 통한 위험축소 노력으로 대손비용을 절감해 왔는데, 이미 1990년대 말부터 유동화자산 비율이 안정되는 추세를 보이고 있다.

국내에서도 1997년 외환위기 이후 유동화자산이 급속히 증가했

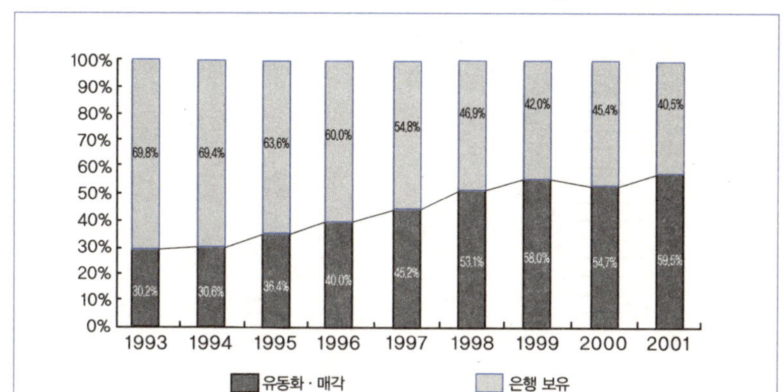

다가 2000년 이후 2002년까지 유동화 증가폭이 둔화되었다. 이는 2000년 이후 금융구조조정이 일단락되고 금융시장이 안정화되어 그 동안 대규모로 발행되었던 부실채권 ABS 및 인수 회사채 담보부 증권(Primary CBO)이 급감한 것에 기인한다. 그러나 2003년 상반기 ABS 발행총액은 18조 9,000억 원으로 2002년 같은 기간보다 30.3%가 늘어났다.

이러한 최근의 유동화 증가 추세는 할부 금융회사의 자동차 할부 금융채권의 발행 증가와, 특히 신용카드사의 ABS 발행 확대에 따른 것이다. 신용카드사들은 연체율 상승과 신용카드 매출 급감 등 영업 위축으로 신규 카드채 발행이 어려워지자 부실채권을 적극 활용한 ABS 발행을 통해 자금조달에 적극 나서고 있다. 따라서 신용카드 연체에 따른 부실을 정리하고 신규자금 조달을 확대하기 위해 당분간 카드 채권에 기반한 자산유동화는 지속적으로 증가될 전

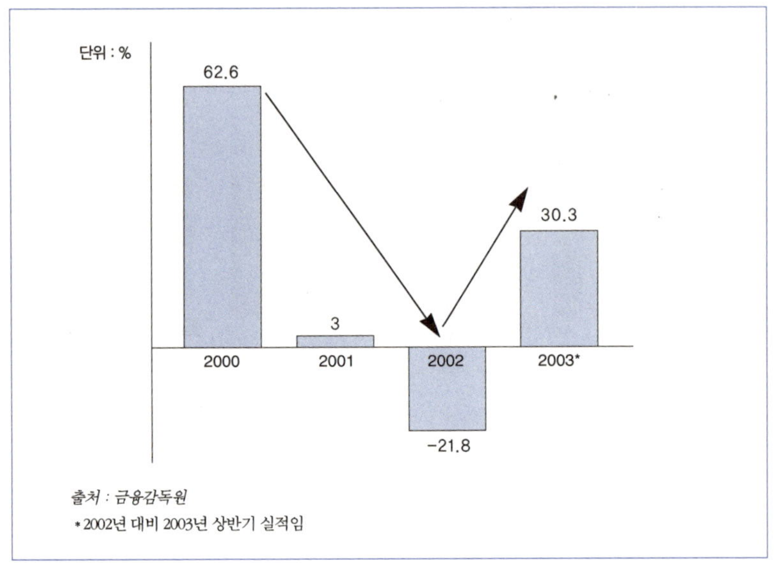

망이다.

4. 전략적 한계

앞에서 설명한 것처럼 1990년대 해외 선진 금융기관들의 가치창출 전략의 성과는 손익구조 개선으로 나타나면서 성공적인 것으로 평가된다. 그러나 2000년대 들어 기존 전략의 효율성·효과성은 점차 한계국면에 접어들고 있다.

특히 수익구조 다변화를 꾀하는 과정에서 고객에게 과다한 수수료를 부과한 측면이 있고 합병 이후 인원삭감으로 대 고객 서비스의 질이 저하되었으며, 자산유동화 및 매각으로 이들 자산과 관련된 고

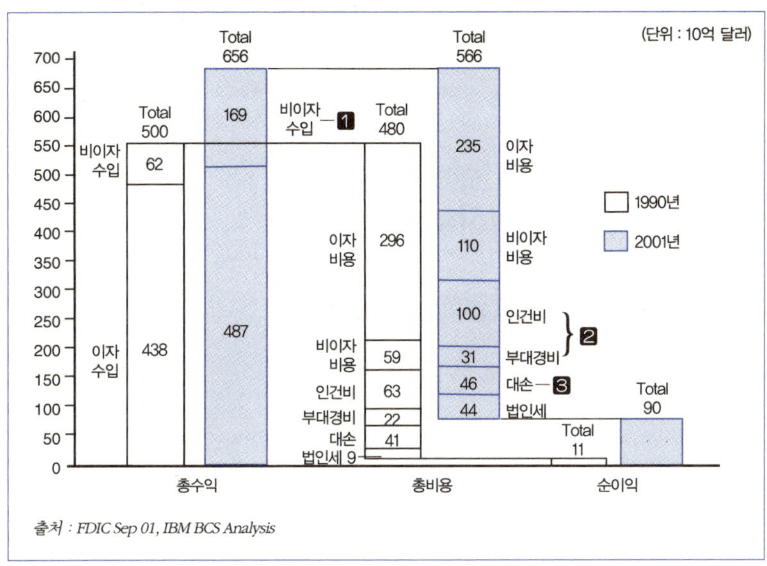

객과의 관계가 단절되는 부작용이 발생했다.

어떤 의미에서 보면 해외 선진 금융기관들의 수익개선은 고객 가치의 희생에서 얻어낸 결과로도 볼 수 있다. 따라서 국내 금융기관은 선진 금융기업이 경험한 시행착오를 최소화하고 역동적인 기업으로 도약하는 데 요구되는 새로운 가치창출 전략을 마련할 필요가 있다.

금융환경의 변화에 따라 전통적인 금융기관의 가치사슬과 비즈니스 모델은 획기적으로 변하고 있다. 금융기관의 중요한 투입요소였던 물적 자산은 네트워크 형성을 통한 아웃소싱의 강화로 그 상대적 중요성이 약화되고 있다. 반면에 브랜드나 인적 자원의 역량 수준과 같은 무형자산(intangible asset)이 기업의 경쟁력을 가늠하는 기준이 되고 있다. 이에 따라 선진 금융기관들은 집중성(focused), 대응성(responsive), 가변성(variable), 그리고 탄력성(resilient)에 기반한 새로운 비즈니스 모델 구축에 전력을 기울이고 있다.

이처럼 금융기관들의 새로운 비즈니스 모델을 on-demand 비즈니스라 부른다. on-demand 금융기관이란 "비즈니스 프로세스가 해당 기관의 내부뿐 아니라 주요 고객, 공급업체 및 파트너 들과 유기적으로 통합되어 고객의 다양한 요구, 시장에서의 기회와 위협, 또는 외부 환경변화에 유연하고 신속하게 대응함으로써 경쟁력을 지속적으로 확보·유지할 수 있는 금융기관"으로 정의될 수 있다. 즉 on-demand 금융기관이란 금융기관의 비즈니스 프로세스를 근간으로 경영과 전산분야를 통합해 금융기관 안팎의 경영환경 변화에 민첩하게 대응하는 금융기관을 의미한다.

다음에서는 on-demand 금융기관이 되기 위해 갖춰야 할 필요 요건이 무엇인지 살펴보고, 이를 위한 혁신방향을 제시하고자 한다.

1. on-demand 금융기관의 핵심요건

1-1 핵심역량 집중화

최근 들어 금융기관들은 자신들이 경쟁우위를 확보하고 있다고 믿었던 사업영역에서도 경쟁력을 잃는 상황을 맞고 있다. 조직 내 자원의 최적화도 더 이상 어려워졌고, 가치사슬 또한 경쟁 기업에 비해 우월한 지위를 유지하지 못하는 상황도 발생한다.

이러한 도전에 대응해 집중화된 금융기관이라면 자신들의 장기전략 방향을 치밀하게 설계함으로써 핵심역량을 특정 비즈니스 시스템상에 집중해 경쟁력을 확보한다. 즉 핵심역량에 집중하는 금융기관은 차별화된 가치를 부가할 수 있는 기능에만 투자를 집중하고, 자신의 영업 모델에 가장 잘 부합되는 고객들을 중심으로 경영활동을 전개한다. 한편, 비핵심 사업부문에 대해서는 전략적 사업자와의 파트너십을 통해 해결한다.

1-2 변화 대응력 강화

오늘날 고객의 요구조건은 점점 더 까다로워지고 있으며, 거래조건을 결정할 때 이들의 권한이 커지고 있다. 또한 기관투자가는 물론 소액주주들의 의견까지 경청해야 하는 주주 자본주의 시대가 도래했으며, 내부고객인 종업원과 감독당국의 모니터링은 갈수록 강화되고 있다. 협력업체나 파트너와의 네트워크 형성과정에서 그 복잡성과 경쟁 강도도 더욱 심화되고 있다.

변화 대응력이 있는 금융기관이라면 이해관계자의 니즈, 경쟁기업의 전략적 포지셔닝(positioning), 자금 수요·공급의 변동성 등 내외부 환경변화를 감지하고 이에 적절히 동태적으로 대응한다. 즉 데이터에 근거한 객관적인 의사결정, 지속적인 피드백(feedback), 그리고 실행 가능한 통찰력이 대응력 있는 비즈니스를 가능하게 만든다. 예를 들어 변화 대응력 있는 금융기관은 고객 니즈 변화에 맞추어 새로운 상품 및 서비스를 신속하게 만들어내며, 필요한 경우 인수·합병을 통해 새로운 역량을 신속히 흡수한다.

1-3 비용구조 가변화

고정비에서 변동비 중심으로 비용구조를 변경시킨 금융기관은 시장상황의 변화에 효과적으로 대응할 수 있다. 많은 금융기관들이 유연하지 못한 가치 네트워크와 업무 프로세스를 유지하고 있어, 예측하지 못한 비용이나 영업 리스크가 발생하는 경우 마땅한 대응방안을 찾지 못하고 있다. 고객의 수요가 갑자기 바뀔 때, 일종의 매몰비용(sunk cost)으로 작용하는 고정비용이 높으면, 변화에 많은 비용이 수반된다. 그러므로 조직구조가 경직성을 띠고 새로운 환경변화에 대응하기 힘들어진다. 따라서 고정비용을 낮추고 가변비용을 높이는 노력은 조직의 유연성이나 민첩한 대응을 위해 매우 중요한 과제다.

변동비 중심의 금융기관이 되기 위해서는 우선 비용구조와 비즈니스 프로세스가 시장상황에 유연하게 대처할 수 있는 구조로 변화되어야 한다. 이를 위해서는 외부 업체와의 적극적인 제휴를 통해 고정비용을 낮출 필요가 있다. 이 과정에서 고객 니즈에 부합될 수 있는 상품 및 서비스, 프로세스 및 조직구조를 갖추어야 한다. 특히 참여자 사이의 유연한 연계노력이 배가되어야 한다. 고정비용을 낮추고 변동비 중심으로 조직구조를 변화시킨 선도 금융기관은 비핵심 분야는 철저하게 아웃소싱(outsourcing)하고, 내부적으로는 각 사업부문에 적정 자산을 배분시켜 일정 수준 이상의 역량을 확보하는 데 주력하고 있다.

1-4 금융기관의 탄력성 제고

탄력성과 관련해 금융기관이 직면할 수 있는 과제는 매우 다양하다. 무엇보다도 거래구조가 복잡해짐에 따라 해당 사업의 성공 여부가 더욱 불확실해지고 있다. 또한 주식·채권 등 자본시장의 변동성이 그 어느 때보다 커지고 있다. 천재지변, 테러, 기타 영업 리스크 등 예상치 못한 위험이 과거보다 증가하고 있다. 국제영업을 확장하고자 할 때도 적절한 지원체계가 필요하며, 고객과 직원의 프라이버시 또는 안전 시스템에 대한 관심도 고조되고 있다.

탄력적인 금융기관은 이러한 외부환경의 불확실성에 대응해 민첩하고 적응이 용이한 영업환경을 유지해야 한다. 또한, 일관되고 신뢰성 있는 서비스를 24시간·365일 조직 전체에 전달할 수 있어야 한다. 한편 리스크 관리능력을 제고시켜 해당 기관의 자산을 보호하고, 직원과 고객의 프라이버시를 보장하는 등 예측하기 힘든 운영 리스크까지도 최대한 대비하는 자세를 갖추어야 한다.

2. on-demand 금융기관으로의 변화

금융산업의 on-demand 경영혁신은 크게 두 가지 방향으로 진행된다. 하나는 금융기관의 재구성(enterprise reconstruction)이고, 또 다른 하나는 금융산업의 네트워크화(industry deconstruction)다. 뒤에서 자세히 논의하겠으나 금융기관의 재구성이란 간단히 정의하면, 비유기적이며 단선적 조직구조를 가지고 있던 금융기관이 컴포넌트(비즈니스 활동별 중복되거나 공통되는 부분의 합) 구조로 전환되면서 핵심역량을 중심으로 지속적으로 혁신해 나가는 과정을 의미한다. 한편 금융산업의 네트워크화는 산업 내 업종 간 장벽이 무너지고 네트워크화되는 환경에서 제휴와 아웃소싱을 통해 부족한 역량을 보완해 나감은 물론, 보유역량을 지속적으로 강화해 나가는 과정을 의미한다.

이 두 방향은 상호 대체적이라기보다는 보완적이라고 말할 수 있다. 즉 on-demand 환경에 도달하기 위한 금융기관들의 진화 방향은, 초기에는 어느 한 방향에서부터 시작될 수 있겠지만 궁극적으로는 두 진화방향이 만나는 끝단에 위치하게 된다.

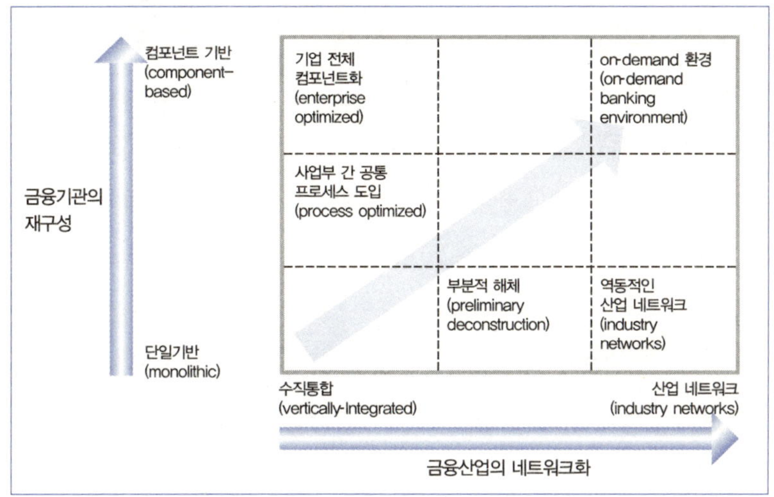

2-1 금융기관의 재구성

on-demand 경영혁신의 한 축인 금융기관의 재구성은 컴포넌트에 기반을 둔 비즈니스 모델(component-based business model: CBBM)로부터 출발한다. 금융기관을 컴포넌트로 구성하기 위해서는 핵심역량을 해당 금융기관에 맞도록 몇 개 그룹으로 구분해 접근할 필요가 있다. 일반적으로 고객에 대한 통찰력(customer insight), 채널(distribution), 상품 및 서비스 개발(manufacturing), 프로세싱, 리스크 및 수익관리, 인프라 등 6가지 정도의 핵심역량 영역으로 나누어 접근할 수 있다

금융기관의 재구성은 금융기관별로 이러한 핵심역량에 대한 재구성을 의미하며, 일반적으로 3단계의 발전과정을 거친다. 첫 단계에서는 사업부서별로 각각의 상품 및 서비스가 조직화·최적화된다. 이 단계에서는 사업부서별로 역량 차이가 발생하거나 중복현상이 나타

난다. 따라서 고객들이 느끼는 서비스 만족도의 차이가 사업부별로 나타난다. 또한 각 상품들은 자체의 프로세스, 시스템, 판매 채널을 보유하게 되므로 비용은 높아진다. 금융기관은 채널, 상품 및 서비스, 후선업무 간에 복잡성과 비효율성이 증가함을 경험한다. 따라서 금융기관들은 이러한 문제를 해결하기 위해 사업부 간 공통의 비즈니스 프로세스를 도입하는 노력을 시도한다. 2단계에서는 사업부 간 프로세스를 공유함으로써 고객을 통합적으로 관리한다. 그러나 채널은 여전히 상품 중심으로 만들어지고 권한은 사업부별로 소유하게 되는 한계를 갖는다. 이 단계에서는 사업부 간 기술적 통합이 정체되어 있어 운영비용이 과다 발생하는 문제점이 나타난다. 이러한 문제점을 인식한 선도 금융기관들은 프로세스, 시스템 및 인적 자원을 재배치해 비즈니스 구성요소들을 새롭게 정의하는 한편, 중복성과 비효율성을 제거하고자 노력하고 있다. 이를 통해 기존의 역량을 효율적으로 활용하게 되며, 새로운 비즈니스로의 발전을 모색할 수 있다. 즉 기업발전의 마지막 단계인 컴포넌트 기반 조직으로 변화하는 것이다. 이는 금융기관의 경쟁력 증대와 지속적인 성장을 가능하게 만든다.

이러한 컴포넌트 기반의 비즈니스 모델링은 금융기관 전체의 변화 방향 설정 및 우선순위를 결정하는 데 매우 중요한 역할을 한다. 이에 대해서는 좀더 자세한 설명이 필요하기 때문에 2장에서 상세하게 다루고자 한다.

2-2 선진 금융기관의 재구성 사례와 시사점

Royal Bank of Canada(RBC)는 선진 CRM 체계 구축을 통해 고객

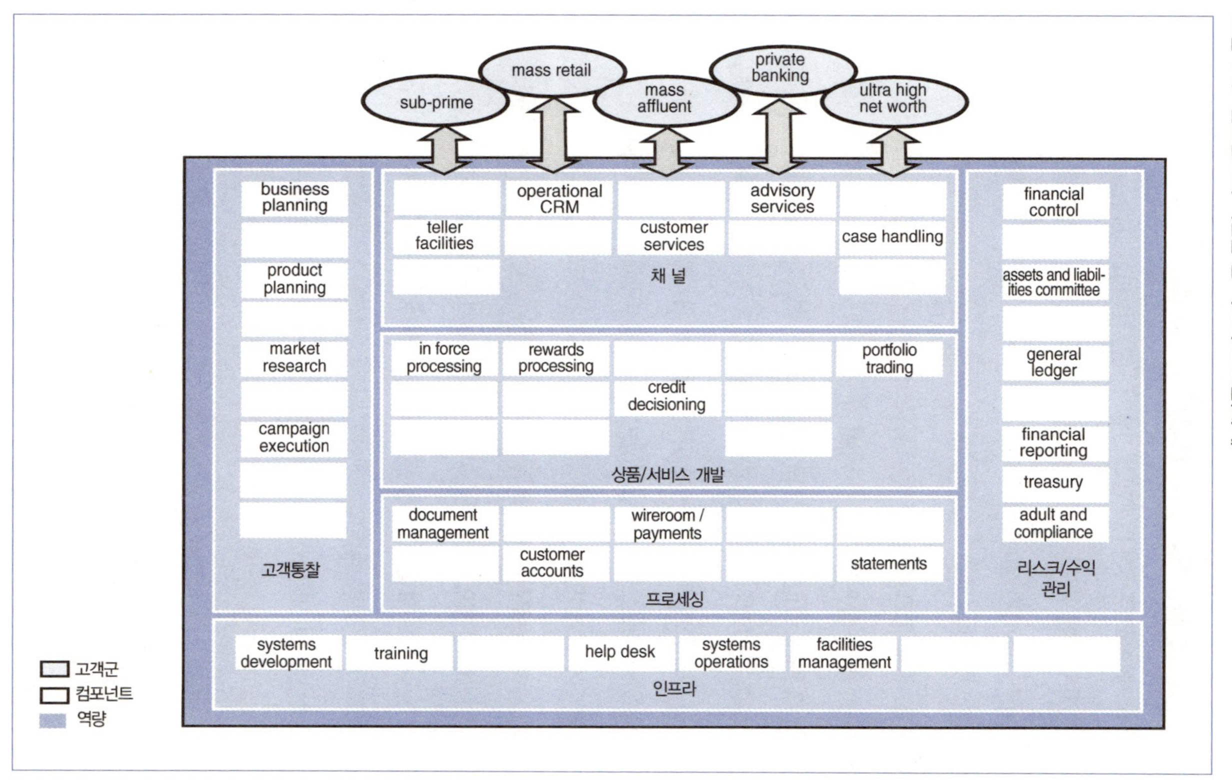

sub-prime
mass retail
mass affluent
private banking
ultra high net worth
business planning
product planning
market research
campaign execution
고객통찰
operational CRM
teller facilities
customer services
advisory services
case handling
채 널
in force processing
rewards processing
credit decisioning
portfolio trading
상품/서비스 개발
document management
customer accounts
wireroom / payments
statements
프로세싱
financial control
assets and liabilities committee
general ledger
financial reporting
treasury
adult and compliance
리스크/수익 관리
systems development
training
help desk
systems operations
facilities management
인프라
고객군
컴포넌트
역량

통찰 역량을 강화한 대표적인 북미 선도 은행이다. RBC는 라이프 사이클에 기초해 고객을 세분화하고, 이러한 세분화된 고객특성 데이터를 활용해 고객을 확보·유지·관리하고 있다. 특히 고객중심의 조직구조를 구축했다. 이 결과 최근 4년 간 수익기여도가 높은 고객군의 숫자가 20% 증가하고, 고객 1인당 평균 수익성이 13% 높아지는 등 가시적인 성과를 내고 있다. RBC의 사례는 상품중심 조직구조에서 고객중심 조직구조로의 전환, 고객정보관리 및 고객 세분화에 대한 장기적 접근, 나아가 적극적·지속적인 경영진의 후원이 고객통찰 역량 강화에 필수적이라는 사실을 시사하고 있다.

Nordea는 무선 채널 통합을 통해 대 고객 서비스 제공 역량을 강화한 대표적인 북유럽 은행이다. Nordea는 기능, 보안, 채널 통합, 비용 최적화 등 전자 채널의 4가지 핵심분야에서 차별화에 성공했다는 평가를 받고 있다. 현재는 지역적으로 분포되어 있는 채널 통합을 위해 차세대 통합 채널망을 구축하는 중이다. 이들의 추진전략에서 눈여겨 볼 특징으로는 다음과 같은 두 가지 사항이 있다.

첫째, 전자 채널의 도입책임을 영업점에 부여했다는 점이다. 예를 들어 고객이 전자 채널을 받아들이는 수용도를 영업점 핵심성과지표 (KPI)로 사용해, 영업점이 전자 채널의 성공에 관심을 두도록 유도했다.

둘째, 시스템 구축을 점진적으로 진행해 고객의 행동이 기술 발전을 따라갈 수 있을 때를 대비하는 등 인내심을 갖고 역량 강화에 노력했다는 점이다. 기술적으로 가능한 것보다는 고객에게 실용적이며 가치 있는 기능 도입에 초점을 두었다. 즉 기술적으로 가능한 것과 고객이 수용할 수 있는 것 사이의 차이를 인식하면서 시스템 도입을 진행했다.

Tokio Marine & Fire는 상품 및 서비스 개발 역량을 강화한 선도 금융기관이다. TMF는 일본 최대의 손해보험사로서 상품을 개발할 때, 자회사와의 공조체제를 통해 철저히 고객중심으로 접근하고 있다. 예를 들어 이 회사가 히트시킨 초보험(super insurance) 상품은 개인이나 가족에게 특화된 복합 보험상품으로서, 개인의 보험 니즈를 종합·재구성하고, 기존 보험상품 간 중복된 부분을 제거해 리스크와 보험료를 재평가한다. 대부분의 보험업체들은 개별적으로 보험상품을 제공하기 때문에 계약자 자신이 보유 계약을 관리해야 하고, 또한 보장범위도 중복되어 있다. 반면에 초보험 상품은 최적화된 보험 포트폴리오 서비스를 제공함으로써 고객 만족도를 증가시켜 일본경제의 불황 속에서도 지속적인 성장을 실현하고 있다. 이는 고객 니즈에 기반한 상품의 조합(제휴기관 상품 포함)이 얼마나 큰 효과를 발휘할 수 있는지를 보여주는 사례다.

ACOM은 일본 소매대출 산업에서 가장 성공한 기업 중 하나로서 리스크 및 경영관리의 효율성 달성을 통해 기업가치를 향상시킨 대표적 사례라 할 수 있다. ACOM은 기술과 혁신을 통해 여신승인 프로세스의 세 가지 측면을 개선했다. 즉 적합하게 구성된 프로세스와 종합적인 데이터 네트워크를 통해 프로세스의 속도를 개선했고, MUJINKUN이라는 시스템 도입을 통해 여신 신청서의 수집·처리 비용을 절감했으며, 신용평가의 정확성을 향상시켰다. ACOM은 이러한 프로세스 개선을 통해 고객의 재무 니즈 충족, 매출액 증대, 영업 커버리지(coverage) 확대라는 전략적 목표를 달성, 기업가치를 향상시킬 수 있었다. 현재도 고객 니즈의 충족과 운영 효율성 간 균형을 통해 꾸준히 시장에서의 차별화를 시도하고 있다. ACOM은 기술적 전략에 의한 리스크 관리와 고객중심적 경영이 기업가치의 향상을 가져온다는 사실을 보여주는 대표적인 사례라 할 수 있다.

국내 금융기관도 새롭게 변화된 금융환경 하에서 핵심역량을 강화하기 위한 노력을 하고 있다. 국내 모 은행의 경우 retail 부문의 경영을 세그먼트(segment) 체제로 전환하기 위해 고객을 자산 규모에 따라 세분화했다. 이에 따라 고객관리 조직 및 평가체제를 정비하고 있다. 과거 부유고객과 일반고객으로 구분·관리하는 체제를 시대적 변화에 맞게 SOHO 고객, PB 고객, WM 고객, middle 고객, mass 고객으로 세분화하고 있다. 또한 본부 조직을 고객군별로 배치해 각 고객군별로 전략을 기획·실행하고 있고, 각각의 고객군에게 목표를 부여하고 성과를 평가하고 있다. 이러한 고객 세그먼트별 관리체제를 통해 고객군별 차별화된 마케팅이 가능해지며, 세분화된 접근을 통해 고객으로부터의 수익을 확대해 나가고 있다.

또한 국내 모 금융그룹의 경우, 금융그룹 간 시너지를 강화하기 위해서 상품·서비스 측면에서의 새로운 시도를 꾀하고 있다. 그룹사 간 통합계좌 서비스를 통해 그룹 복합상품을 제공하고, 기존의 여신·수신 상품을 offset 개념으로 연계시키며, 자회사별로 관리하던 고객우대 서비스 제도를 동일한 기준 하에서 통합시키고 있다. 이러한 노력은 그룹 간 시너지 확보를 위한 정보 공유, 채널 공유 정도에 머무르고 있는 현실에 비추어 봤을 때, 혁신적인 접근이라고 할 수 있겠다. 그룹이나 자회사 간 정보를 통합하고 채널을 공유함

으로써 고객 접근성을 높이는 전략은 의미가 있다. 그러나 고객에게
완전한 의미의 종합금융 서비스를 제공하기 위해서는 상품·서비스
혁신 차원에서 접근해야 한다. 최근의 그룹사 간 그룹 복합상품은
이 같은 노력에 부합하는 것이라 할 수 있다. 특히 이러한 상품·서
비스 혁신은 종합금융 서비스 제공의 장점을 자회사 간 교차판매 활
동으로 연결시키려는 흐름으로 볼 수 있다.

금융기관이 이 같은 전략방향을 추진하기 위해서는 내부역량 강
화만이 아니라 외부 네트워크와의 협업 경영체계가 필요하다. 한 금
융기관이 글로벌 수준의 최고 역량을 모두 보유한다는 것은 현실적
으로 거의 불가능하다. 따라서 핵심역량을 보유한 사업부문을 집중
육성하고 비핵심역량 사업부문은 아웃소싱하는 것이 바람직하다.

2-3 금융산업의 네트워크화

금융기관이 기업가치를 제고시킬 수 있는 또 다른 축은 금융산업
의 네트워크화다. 금융산업의 네트워크화 또한 3단계의 진화과정을
거쳐 발전한다. 첫 단계에서는 각 금융기관들이 수직적으로 통합
(vertically integrated)된 가치사슬을 가지게 되는데, 전통적인 금융기
관들이 여기에 속한다. 각 금융기관은 상품개발에서부터 생산·판
매·서비스에 이르기까지 전체 가치사슬을 내부에 보유하기 때문에
비대한 조직을 갖게 된다. 또한 시스템과 비즈니스 프로세스가 가치
사슬을 따라 밀접하게 연결되어 있기 때문에 다른 사업부서에서 이
를 활용할 수 없다. 이에 따라 조직이 폐쇄적이고, 나아가 고객의 상
품·서비스의 선택 폭이 제한되는 문제점이 발생한다.

조직의 폐쇄성과 고객의 선택 제한 문제점을 해결하기 위해, 특정 사업부문을 개별 금융기관에서 분리·운영하고자 하는 노력이 나타난다. 즉 핵심역량과 관계가 없는 분야, 예를 들어 특정 판매 채널, 상품, 후선업무를 분리하는 단계에 접어든다. 이에 따라 특정 부문에서 경쟁우위를 갖는 특화 금융기관들이 생겨나고, 일반 금융기관은 핵심역량이 아니라고 판단되는 업무를 위탁 경영하게 된다. 그러나 이 단계에서도 내부적으로 보면 상품 및 서비스의 중복 운영이 여전히 존재한다. 또한 금융기관 간 공통 메시지와 커뮤니케이션의 표준화가 이루어지지 못해 기업 간 밀접한 연결이 이루어지지 않는다는 한계를 지닌다.

예를 들어 미국의 모기지(mortgage) 산업은 1980년대까지만 해도 상품개발, 고객 서비스, 리스크 관리 등 관련업무를 단일 금융기관에서 비유기적으로 수행했다. 그 후 업무 분화가 진행되면서 리스크 관리부문은 모기지를 서비스하는 별도의 금융기관에서 처리하게 되었다. 그러나 이 경우에도 대부분의 프로세스는 유선을 통해 이루어지며, 주요 데이터가 전화 또는 팩스를 통해 이전되기 때문에 데이터 입력 프로세스를 다시 해야 하는 불편함이 있다. 또한 각 사업영역별로 독자적인 영업을 추구하기 때문에 고객정보의 공유를 통한 교차판매의 기회가 거의 없다.

그러나 금융기관 간 네트워크가 빈틈없이 형성되면 가치사슬상의 역할에 따른 특화 금융기관이 등장한다. 특화 금융기관들은 판매 채널을 보유한 금융기관과의 지속적 접촉을 통해 상품을 개발한다. 비록 개별 기업들이 상당 부분의 프로세스 업무를 내부에 보유하고 있지만, 산업 내 프로세스와 시스템 표준화가 이루어져 있어 이는 별 문제가 되지 않는다. 이 단계가 바로 산업의 네트워크 단계다. 산업의 네트워크는 상품생산회사(manufacturer)를 다수의 판매 채널 보유회사(distributor)와 연결시켜 준다. 또한 핵심역량이 아닌 프로세스업무는 외부업체에 의해 처리될 수 있다. 따라서 고객은 거래 금융기관에서 최고의 상품을 구매할 수 있는 기회를 맞이한다.

2-4 금융기관의 네트워크화 전략

금융기관의 재구성 전략은 금융기관의 핵심역량을 강화하기 위한 내부 변화과정인 반면, 금융기관의 네트워크화 전략은 외부 파트너의 역량을 효과적으로 활용하는 외부지향적 특성을 지닌다. 이러한 네트워크 전략은 외부 제휴 네트워킹을 통해 내부적으로 부족한 역량을 보완하거나, 새로운 사업 모델로 전환하는 시장 확대적 목표를 지향한다. 먼저 외부 전문업체와의 네트워킹을 통해 내부적으로 부족한 역량을 보완하는 전략을 금융기관의 핵심역량별로 살펴보자.

고객통찰은 고객중심 경영 관점에서 매우 중요한 금융기관의 핵심역량이다. 외국 선진 금융기관에서는 고객통찰 역량을 강화하기 위해서 관련 시스템과 인력을 확충하는 한편, 외부 전문가를 활용해 고객 세분화를 정기적으로 수행하고 있다. 이는 전통적인 금융기관이 고객 세분화를 수행하기 위한 내부역량을 보유하고 있지 않은 탓도 있지만, 지속적인 고객 세분화를 위해 보유해야 할 인력 및 기술이 방대하기 때문이기도 하다. 외부기관이 고객 세분화 업무를 수행할 경우, 내부 마케팅 조직은 금융기관 관점에서 세분화 결과에 대한 마케팅 시사점을 도출하고, 이에 기반한 가치제안 요소를 개발하는 등 좀더 핵심적인 마케팅 업무를 전담하게 되어 내부적 자원 활용의 효율성 및 효과성을 극대화할 수 있다.

채널은 고객과 접촉하는 접점으로, 금융기관이 고객에 대한 오너십(ownership)을 확보하기 위해서는 채널을 자체적으로 보유해야 한다는 것이 전통적인 시각이었다. 그러나 기술이 급속도로 발전하고 외부 채널 활용의 효과성이 강조되면서, 외부 채널을 내부 채널처럼 활용하는 것이 가능해졌다. 예를 들어 외부 부동산 매매업자가 금융기관의 채널 역할을 하거나, 금융기관 내부에 속하지 않는 외부 금융전문가(Independent Financial Advisor)와의 제휴를 통해 고객관리 업무를 수행하고 있다. 외부 전문 채널의 역량을 활용해 고객 서비스의 질을 높일 수 있고, 채널 관리의 비용 부담을 변동비로 전환할 수 있어 운영의 효율성을 제고할 수 있다. 미국의 Allstate 보험사의 경우 전문화된 보험영업 직원 네트워크와의 파트너십을 통해 영업비용의 가변화 및 성과중심의 보상제도를 정착시키고 있다.

상품·서비스 개발 부문은 종합금융 서비스의 강화에 따라 네트워킹 전략이 급속도로 확산되고 있는 영역이다. 방카슈랑스, 투신상품 위탁 판매 등 자체적 개발역량이 없는 상품·서비스 부문은 외부 상품 전문 제공자와의 제휴를 통해 조달받아 고객에게 제공한다. 보험사가 인수하는 생명보험상품을 은행이 판매하거나, 은행 또는 증권사의 인덱스 펀드(index fund)를 보험사가 판매하는 것을 좋은 예로 들 수 있다. 이렇게 상품·서비스 부문의 네트워크를 통한 on-demand 혁신이 강화될수록 금융기관은 과거 예대마진 등 상품 자체의 수익원이 아니라 수수료 수입 등 새로운 수익원으로의 전환이 가속화된다. 또한 내부자원은 고객이해에 활용되고, 고객 니즈에 맞추어 최고의 상품을 전달하는 고객관리 중심 기관으로서 역할을 강화할 수 있다.

상품·서비스 및 채널 역량 부문에서 외부 제휴사와의 협업이 강화되면서 프로세싱 역량에서도 동일한 흐름이 존재한다. 프로세싱 처리 업무량이 시기적으로 균등하지 않고 처리역량 자체가 고객 관점에서 차별화하기 어려운 경우 외부 제휴를 통한 프로세싱 대행 처리가 가능하다. 신용카드 회사의 빌링(billing) 처리를 외부 제휴사가 주 단위로 대행처리하는 것을 대표적인 예로 들 수 있다.

리스크 및 수익관리 역량 또한 고객통찰 역량과 마찬가지로 외부 전문가의 지원이 필요한 부분이다. 최신의 리스크 분석 역량을 보유하고 해당 모델을 정기적으로 업데이트하기 위해서, 외부 전문업체의 활용이 필요하다.

마지막으로 인프라 부문은 네트워크를 통한 on-demand 경영기법의 적용이 가장 용이한 것으로 평가된다. 후선업무 및 IT 인프라 업무 자체는 정형적일 뿐만 아니라 직접적인 차별화 요소로서 기능하기 어렵기 때문에, 금융기관의 핵심역량을 보호하면서 외부 제공자의 지원이 가능한 분야다. 복리후생 등 정형화된 인사업무를 외부 기관에 위탁하는 인사 서비스 아웃소싱, 금융기관 구매업무를 외부 제공사로 이전시키는 구매 아웃소싱 등을 통해 비용 효율성을 극대화할 수 있다. MBNA 신용카드사의 경우, 카드 업무의 핵심 기능인 전략적 고객관리, 마케팅 및 상품 개발에 주력하는 한편, 가맹점 제휴 및 관리업무 등의 후선업무를 전략적 파트너십을 통해 아웃소싱하는 운영 체제를 구축하고 있다.

내부적으로 부족한 역량을 보완하기 위한 금융기관의 네트워크화 전략은 특히 역량 자체가 차별적 경쟁수단으로 활용되지 않는 인프라 및 프로세싱 부문에서 확산될 것이다. 이러한 부문에서 외부 전문업체와의 협업을 통해 자체 핵심역량을 보호·강화하면서 내부적 효율성을 제고할 수 있기 때문이다. 방카슈랑스 업무 프로세싱을 ASP 형태로 신속하게 운영함으로써 시장 진입의 위험을 경감하고 비용구조를 가변화하는 방카슈랑스 ASP 서비스, 그룹사 간 고객분석 업무를 공유하거나 구매업무를 공동으로 운영하는 shared service, 외부 시스템 업체의 역량을 활용한 IT 시스템 호스팅 서비스 등이 금융 네트워크화의 일환이다.

한편 외부 제휴기관과의 네트워크 전략은 금융기관이 내부적으로 부족한 역량을 보완하기 위한 것에 그치는 것이 아니라, 신규 사업을 개척해 새로운 비즈니스 모델을 수립하기 위한 측면으로 활용될 수 있다. 특히 life care 서비스 제공 기관으로서 금융기관의 역할이 강조되면서 금융·비금융 산업 간 융합을 통한 새로운 사업 모델 개발의 필요성이 확대되고 있다.

이러한 금융기관의 확장적 네트워크 전략은 이동통신사, 소매유통사, 자동차산업을 비롯해 전기·가스와 같은 유틸리티(utility) 산업 등 고객의 일상적 생활과 밀접하게 연결된 산업과의 제휴를 주요 범주로 하고 있다. 이 과정에서 금융기관은 제휴 산업의 특성에 따라 다양한 포지셔닝을 취할 수 있다. 예를 들어 특화 금융상품을 비금융 산업

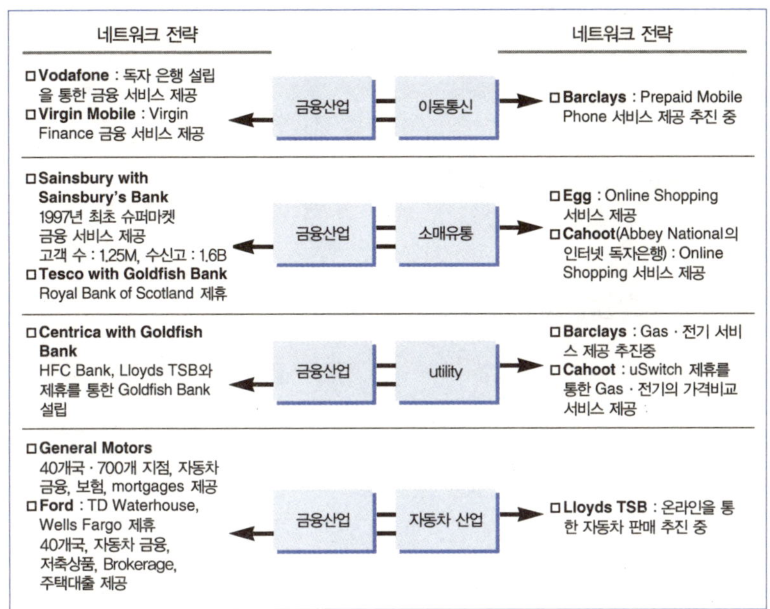

에 제공하는 전문적인 상품 제공자로서의 역할을 하거나, 금융기관의 자체적인 고객 및 채널을 기반으로 금융 · 비금융 복합 서비스 공급자로 역할하는 등 다양한 방법으로 금융기관의 전략적 포지셔닝이 가능하다.

이러한 네트워크 전략은 각 산업마다 경쟁이 가속화됨에 따라 새로운 성장 동력을 찾기 위한 전략으로 대두될 것이라 전망된다. 국내 금융기관은 이러한 금융 · 비금융 복합 시대에 부응해 장기적 관점에서 비금융산업과의 긴밀한 협력 하에 새로운 비즈니스 모델을 고민하고 기획함으로써, 고객에게 다양한 서비스를 제공하고 수익 원천을 다각화시켜 안정적인 성장을 도모해야 할 것이다.

on-demand 경영혁신을 위한 단계적 접근

IBM Business Consulting Services KOREA

on-demand 경영혁신을 수행하기 위한 첫번째 단계로서 현재의 비즈니스 모델을 김포닌트 기반의 비즈니스 모델(component-based business model)로 재정의하는 작업이 우선적으로 선행되어야 한다. 컴포넌트 기반의 비즈니스 모델링이란 현재의 제한적인 상품별·사업본부별 사일로(Silo) 구조 하의 전사적인 모든 비즈니스 프로세스를 해체해 on-demand 금융기관이 갖추어야 할 핵심역량 중심으로 재배치 및 재그룹화하는 것을 의미한다. 이러한 모델링 과정 속에서 금융기관은 컴포넌트가 창출할 가치에 의거해 우선순위를 파악하고, 본원적인 경쟁우위에 있는 핵심역량을 재정의함으로써 프로세스, 시스템 및 인적 자원을 재배치하고 기존 비즈니스 컴포넌트들 간 중복성·비효율성을 제거함으로써 새로운 비즈니스로의 발전을 모색할 수 있다. 컴포넌트 기반의 비즈니스 모델링은 지금까지 금융기관들이 수행해 온 개별 업무·채널 단위의 비즈니스 프로세스의 혁신(여신·클레임 업무 프로세스 혁신, 영업점 후선업무 집중화, 콜센터 프로세스 효율화 등)과는 차원을 달리한다. 즉 '전사적인 차원에서의 핵심역량을 도출'한다는 측면과 향후 'on-demand 경영혁신을 위한 청사진(blueprint)으로서의 역할을 수행'한다는 측면에서 기존의 비즈니스 프로세스 혁신과는 차별화된다고 할 수 있다.

다음 단계로서 컴포넌트 기반의 비즈니스 모델링을 통해 재정의된 핵심역량의 강화와 비핵심역량의 비용 효율화에 대한 대응방안을 작성·실행하는 작업이 진행되어야 한다. 이를 위해 금융기관은 내부혁신 추진과 외부 전략적 파트너의 활용이란 선택적 수단을 갖게 된다.

on-demand 경영혁신 실행의 최우선적인 추진은 내부혁신을 통한 핵심역량 강화에 초점을 맞추어야 한다. 핵심역량이란 금융기관의 핵심가치인 경쟁력을 창출하는 컴포넌트로서 금융기관 시장에서의 포지셔닝, 비전, 내부 경영전략과 밀접하게 연계되어 반드시 내부혁신을 통해서만 획득될 수 있다.

현재 국내 대형 금융기관을 중심으로 고객·상품·채널 중심의 비즈니스 transformation 전략에 기반한 내부혁신을 추진함으로써 on-demand 금융기관의 핵심요건인 핵심역량 집중화와 변화 대응력 강화 달성을 위한 노력을 경주하고 있다. 외부 전략적 파트너의 활용은 기존에 구축된 내부 핵심역량을 보완·강화하는 방향에서 향후 지속적으로 추진되어야 한다.

반면에 비핵심역량의 비용 효율화는 핵심역량과는 다른 방법을

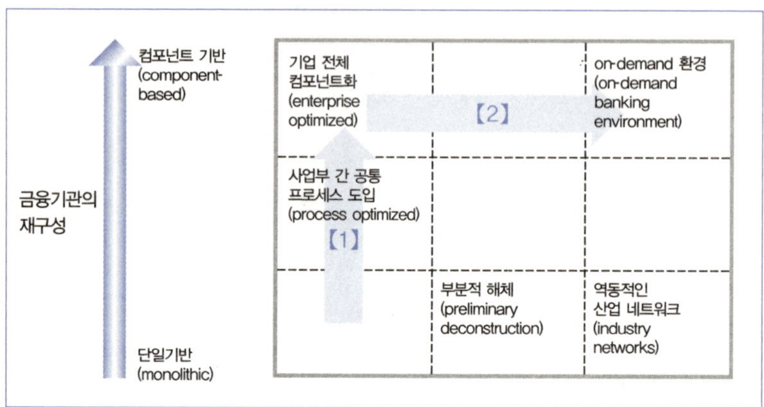

취하게 된다. 우선적으로 내부혁신을 통한 단기적인 비용 효율화에 대한 실행을 추진하되, 궁극적으로는 외부 전략적 파트너를 활용한 비용구조의 가변화와 탄력성 제고를 실현해야 한다. 현재 국내 대형 금융기관들은 IT 서비스의 전략적 아웃소싱, 콜센터 · DM 등의 채널 업무 아웃소싱, 채권추심 · 내부 물류배송 등의 후선업무 아웃소싱 추진을 적극적으로 고려하고 있다.

결론적으로 금융기관의 on-demand 경영혁신의 진행경로는 컴포넌트 기반의 비즈니스 모델링 수행 이후 '1단계 : 내부혁신을 통한 역량 강화→2단계 : 외부 파트너의 전략적 활용' 의 순서를 취하는 것이 바람직하다.

마지막으로 금융기관의 on-demand 경영혁신은 전체 비즈니스 영역에 대해 전체 조직에 걸쳐 장기간 지속적인 변화를 수반하는 변환과정 그 자체다. 따라서 이의 성공적인 완수를 위해서는 체계적인 변화관리를 위한 자원과 동력이 절실하게 요구된다. on-demand 경영혁신의 비전과 시급성을 전체 조직에 걸쳐 전파하기 위한 고위경영진의 절대적인 지지와, on-demand 경영혁신 과정에서 변화를 촉진하기 위한 전사적인 성과지표와 보상체계의 재구성이 바로 그것이다.

금융 비즈니스 설계의 신조류 : 컴포넌트 기반의 비즈니스 모델

2

규제완화와 IT 기술의 발전 등으로 금융환경은 하루가 다르게 변하고 있으며 금융기관 간 경쟁도 더욱 치열해지고 있다. 경쟁심화로 비용절감 압력이 거세지고 있는 가운데 급격한 환경 변화는 적절한 경영전략의 수립과 실행을 어렵게 하고 있다. 물론 이러한 위기는 금융기관의 역량에 따라 새로운 수익을 창출하는 기회로 작용할 수도 있다. 예를 들어 2003년부터 허용된 방카슈랑스는 중소형 보험사에게는 큰 위기로 작용할 것으로 보이지만, 광범위한 지점망을 갖추고 이를 대비해 온 대형 은행에게는 또 다른 수익원으로 떠오를 확률이 높다. 또한 IT 기술의 발전으로 가능해진 새로운 채널은 장기적으로 금융기관의 업무처리 비용을 낮출 수 있을 것이다.

환경 변화를 발전의 기회로 활용할 수 있기 위해서는 그만한 역량을 지녀야 한다. 무엇보다도 고객에게 일관된 금융 서비스를 제공하기 위한 일관성, 급변하는 금융환경에 맞추어 speed-to-market을 실현하기 위한 유연성, 그리고 중복 업무를 배제하고 기업 전체의 비용 효율성을 이루기 위한 시스템의 재사용성이라는 세 가지 핵심역량을 확보해야 한다. 그러나 국내 금융기관은 이러한 역량이 부족한 상황이다. 특히 대형 금융기관일수록 내부 업무 및 시스템의 복잡성으로 인해 핵심역량을 키워나가기에는 한계가 있다. 복잡성을 해결하고 핵심역량을 확보하기 위해서는 비즈니스 구조의 어느 한 부문만을 개선하는 것으로는 부족하며 조직, 프로세스, 그리고 시스템의 전체적인 변화를 수반하는 business transformation을 수행해야 할 것이다.

이 장에서는 먼저 대형 금융기관이 가진 업무 및 시스템 복잡성에 의해 야기되는 문제점을 진단한 후 컴포넌트 기반의 비즈니스 모델링(component-based business modeling : CBBM)을 통해서 일관성 · 유연성 · 재사용성을 높일 수 있는 방안에 대해 논의하고자 한다.

전사 business transformation의 필요성

IBM Business Consulting Services KOREA

금융 환경은 새로운 경쟁 형태와 급변하는 기술로 인해 끊임없이 변화하고 있다. 이러한 변화에 적절히 대응함과 동시에 새로운 발전 기회를 포착하는 것이 금융기관의 주요 과제라고 할 수 있다. 특히 금융기관이 대형화되고 있는 최근 추세를 볼 때 환경 변화에 유연하게 적응하고, 규모의 경제를 통해 저비용·고수익을 실현하는 금융기관이야말로 경쟁우위를 점하게 될 것이다. 그러나 IBM BCS의 조사에 따르면, 많은 금융기관이 높은 투자에도 불구하고 비즈니스의 유연성과 규모의 경제를 동시에 실현하는 데 어려움을 겪고 있다.

〈그림 2-1〉은 미국 금융기관의 수익 대비 비용률과 자기자본이익률(ROE)을 기업 규모별로 분석한 것이다. 여기에서 주목할 점은 비용과 수익 측면 모두에서 대형 금융기관이 중형 금융기관에 뒤지고 있다는 것이다.

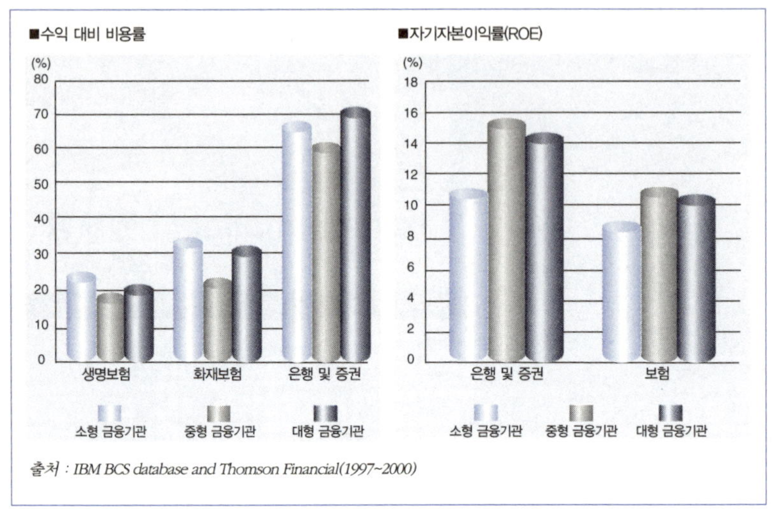

대형 금융기관들은 대부분 실제 또는 예상되는 경쟁상의 위협에 대응하는 방안으로 서비스 제공 지역, 금융상품, 그리고 고객 접촉 채널을 확장함으로써 사업 영역을 넓혀왔다. 그러나 전사적인 관점에서 확장을 통한 발전방향을 모색하는 경우는 극히 드물었고, 대부분의 금융기관은 일부 업무영역과 시스템 구조를 신규 도입 또는 수정함으로써 단편적으로 대처해 왔다. 단편적인 대응으로 인해 비즈니스 및 시스템 체계가 환경 변화에 대처할 수 없을 정도로 너무 복잡해졌고, 이에 따라 기업 내에 중복되는 비용이 만연하게 되었다. 이 같은 복잡성이 수익성에 미치는 영향은 매우 크며, 결과적으로 〈그림 2-1〉에서 보는 바와 같이 대형 금융기관들의 수익성이 중형 금융기관들에게 미치지 못하게 된 것이다. 그러면 대형 금융기관들이 어떤 문제점을 가지고 있는지, 국내 금융기관을 중심으로 살펴보도록 하자.

금융기관이 일관되고 풍부한 고객정보를 바탕으로 모든 채널(영업점·콜센터·인터넷 등)에서 고객에게 최상의 서비스를 일관성 있게 제공하고, 효율적인 마케팅을 수행해야 함은 새삼 설명할 필요가 없다. 또한 최근 기업 인수·합병을 통해 속출하는 거대 금융기관이나 지주회사의 목표는 이종 금융기관 간 업무장벽이 완화되고 있는 환경하에서 원스톱(one-stop) 서비스를 제공함과 동시에 규모의 경제를 통해 비용을 절감하는 데에 있다. 그러나 이를 실현하기에는 국내 금융기관의 비즈니스 체계와 지원 시스템이 해결해야 할 과제가 아직 많이 남아 있다. IBM BCS가 최근 진단한 결과에 따르면, 국내 대형 금융기관은 다음과 같이 세 가지 측면에서 도전에 직면하고 있다.

우선 고객과 직접 대면하는 채널의 효과성이 떨어진다. 고객은 모든 시간에 모든 채널을 통해서(any time any where) 통합적·직접적인 금융 서비스를 받을 수 있기를 원한다. 즉 고객은 영업점, 콜센터, 그리고 인터넷 등 채널에 관계없이 동일한 수준의 금융 서비스를 받고자 하는 반면, 금융기관은 고객에게 캠페인 메시지를 전달할 때 고객 접촉 시점에 모든 채널에서 일관된 메시지를 전달해야 한다. 그러나 국내 대형 금융기관의 경우 채널 통합성을 보여주지 못하고 있다. 그 결과, 채널에 따라 서로 상충되는 메시지가 고객에게 전달되기도 한다. 예를 들어 몇몇 대형 금융기관의 경우 인터넷을 통한 e-메일 캠페인 메시지와 우편을 통해 전달된 캠페인 메시지가 서로 일치하지 않아서 고객의 혼동을 가져오는 경우도 자주 있다. 이의 주요 원인은 새로운 채널을 도입할 때마다 시스템과 조직을 새로 구축하고 채널별로 독자적인 고객정보를 유지한데다, 채널을 통합 관리하지 않은 데에 있다.

또 다른 문제점으로 변화에 대한 적응 속도가 느린 것을 들 수 있다. 금융 서비스에 대한 고객과 정부의 요구가 더욱 복잡해지고 요구 자체도 빠르게 변화하고 있다. 그러나 경직되고 복잡한 비즈니스 체계와 시스템은 이러한 변화에 신속하게 대처하는 데 방해가 되고 있다. 더욱이 대형 금융기관은 대부분 환경 변화에 대해 어떻게 대응해야 할지를 명확하게 파악하지 못하고 있기 때문에 기존 업무나 부서 기능을 재편 · 개선하기보다는, 새로운 업무 프로세스와 지원 시스템을 추가시키는 형태로 변화에 대처하고 있는 실정이다. 여기에는 금융기관이 지닌 후선업무 체계가 상품 중심으로 이루어져 있어 새로운 비즈니스 모델을 추가하고자 할 경우 기존의 업무 기능을 재사용하기 어렵다는 점도 작용하고 있다.

예를 들어 최근 국내 은행들이 시작한 방카슈랑스와 자산관리 (wealth management) 업무 중에는 기존 업무 기능과 중복되는 부분이 많이 있음에도 불구하고, 이를 재사용하는 것이 힘들기 때문에 담당 부서를 새로 만들고, 지원 시스템 또한 새로 개발하고 있다. 이 같은 단편적인 대처방식으로 인해 비즈니스 체계가 더욱 복잡해지고 변화에 대처하는 기간도 길어지고 있다.

마지막으로 서로 비슷한 업무가 여러 비즈니스 영역에서 중복 수행되고 있기 때문에 규모의 경제를 이루는 데 어려운 문제점이 있다. 국내 금융기관도 미국 금융기관과 마찬가지로 시스템에 대한 중복 투자와 이에 따른 복잡성의 증가로 인해 규모의 경제를 이루기에 매우 힘든 구조를 갖고 있다. 비즈니스 체계의 복잡성은 변화에 대한 대응 속도를 낮추기 때문에 고객 요구의 변화에 빠르게 대응하는 speed-to-market의 실현을 어렵게 하고 있다. 예를 들어 후선업무가 상품별로 중복되어 있는 경우 비용구조의 비효율성을 가져올 뿐만 아니라, 복합상품을 개발해 이를 업무 및 시스템에 적용하는 것이 매우 어려워진다.

이들 문제점은 단순한 시스템의 재구축만으로는 해결될 수 없으며 조직, 프로세스, 그리고 시스템의 전반적인 변화를 수반하는 business transformation을 필요로 한다. 앞으로는 이 같은 business transformation을 수행한 금융기관만이 금융산업에서 경쟁적 우위를 점할 수 있을 것으로 판단된다.

컴포넌트 기반 비즈니스 모델
component-based business model

IBM BCS는 많은 프로젝트를 통해 고객사들이 해당 회사에서 필요로 하는 핵심역량을 조기에 갖출 수 있도록 하는 방안을 모색해 왔다. 그 결과 컴포넌트 기반 비즈니스 모델과 적용방안을 만들게 되었고, 최근 국내외 대형 금융기관에 적용함으로써 이에 대한 검증 작업 및 최적화 작업을 마친 상태다.

1. CBBM을 통한 접근방법의 필요성

소프트웨어 공학(Software Engineering)에서는 소프트웨어 위기(software crisis)에 대응하기 위해 컴포넌트 기반 개발(component-based development : CBD) 방법론이 대두되었다. 소프트웨어 위기란 소프트웨어에 대한 요구와 복잡성이 증가하고 소프트웨어·하드웨어 기술이 발전하는 반면, 소프트웨어의 생산성과 발전 속도가 이 같은 변화에 부응하지 못하는 현상을 지칭한다. CBD는 소프트웨어의 구성을 컴포넌트로 나누어 디자인하고 각 컴포넌트를 직접 개발하거나, 적합한 컴포넌트를 구입해 마치 레고 블록을 조립하듯이 소프트웨어를 개발하는 방법론을 말한다. 이를 통해 소프트웨어의 요구 사항이 변경되었을 때 전체 소프트웨어의 재개발 없이도 관련 컴포넌트를 교체하거나 업그레이드함으로써 요구사항 변화에 빠르게 대응할 수 있게 된다. CBD의 또 다른 장점은 소프트웨어 구성단위를 철저하게 모듈화시켜 중복 개발 요소를 제거한다는 것이다.

CBBM은 CBD의 컴포넌트 개념을 도입해 기업의 비즈니스 기능 간 관련성을 분석하고, 그 결과에 따라 이들을 그루핑(grouping)해 비즈니스 컴포넌트들로 재구성한다. 이 때 각 비즈니스 컴포넌트는 다른 비즈니스 컴포넌트와 상호작용을 통해 연결되지만 업무는 독립적으로 이루어진다. 즉 각 비즈니스 컴포넌트가 다른 비즈니스 컴포넌트에 제공할 서비스만이 명시적으로 정의될 뿐, 이 서비스를 수행하기 위한 내부 업무 기능은 각각의 컴포넌트별로 환경 변화에 따라 독립적으로 변경하거나 최적화할 수 있다.

기존의 금융기관 비즈니스 모델은 개별 상품을 만드는 데 초점을 맞춤으로써 시스템과 비즈니스 프로세스가 상품군 중심으로 운영되어 업무 기능이 중복되는 문제점이 있었다. 반면 CBBM 하에서는 고객중심으로 비즈니스의 유연성과 프로세스의 최적화를 이룰 수 있다. 〈표 2-1〉에서 보는 바와 같이 기존의 비즈니스 모델과 CBBM 에는 다음과 같은 차이점이 있다.

표 2-1 기존 비즈니스 모델과 CBBM의 운영방식 차이점

	기존 모델의 운영방식	CBBM 하의 운영방식
고객	• 개별 상품 중심의 관리 • 상품별로 고객을 세분화	• 고객 중심의 관리 • 라이프 스타일을 기준으로 고객을 세분화 (상품과 무관한 분류)
채널	• 각 채널별로 독자적 개발·관리 • 채널별로 규모의 경제를 달성하도록 최적화	• 각 채널 기능의 통합 • 모든 채널이 고객의 충성도를 극대화하도록 최적화

상품	• 개별 상품별로 개발
	• 각 상품별로 사업부가 조직되거나 각 사업부별로
	  독자적으로 상품을 개발해 타상품과의 연계성이
	  결여됨
		• 세분화된 고객군별로 고객 니즈를 만족시키기 위
		  한 상품을 개발
		• 고객 니즈를 충족시키기 위해 개별 상품의 조합
		  및 외주 추구

운영	• 상품별·사업부별로 운영을 최적화 • 조직의 유연성 결여 및 이에 따른 낮은 효율성 (높은 운영비용)	• 전체 금융기관 차원에서 운영을 최적화 • 필요에 따라 사업부 간 자유로운 협업 및 분업 • 높은 운영 효율성
성과측정	• 개별 상품/사업부 조직별로 성과를 측정	• SLA(service level agreement)를 적용해 각 컴 포넌트별로 성과를 측정

출처 : *Simplify to succeed, IBM BCS, 2002.*

2. CBBM을 통한 business transformation 방안

CBBM의 구축과정은 크게 기능적인 측면과 시스템적인 측면으로 나눌 수 있다. 기능적인 측면은 영역별·활동별로 현 비즈니스 모델의 분석을 통해 각각의 컴포넌트를 구성하고, 이들 컴포넌트가 핵심 역량을 확보하도록 하는 과정을 의미한다. 시스템적인 측면은 기능적인 측면이 완성되기 위해 필요한 IT 시스템의 기능과 현 IT시스템 역량 간 차이를 분석함으로써 새로운 시스템을 설계하고 구체적인 투자계획을 세운 후, 이에 따라 새로운 시스템을 확보하는 과정을 의미한다.

2-1 비즈니스 구성

〈그림 2-2〉에서 보는 바와 같이 비즈니스는 횡적인 측면에서 가
치사슬에 따라 distribution, manufacturing, 그리고 operation의 세
영역으로 구분된다. 한편 종적으로는 비즈니스 활동(activity)에 따라
각 프로세스별로 계획(plan) · 모니터링(see) · 운영(do)으로 분류된다.

우선 횡적인 측면에서의 세 영역을 구체적으로 살펴보면 다음과
같다.

distribution 영역은 실제 금융 서비스의 전달, 교차판매, 마케팅
등 고객을 상대하는 모든 활동을 포함한다. 고객 관점에서의 일관된
채널을 통한 경험과 고객 single view를 위해 모든 채널은 공통 기
반 구조를 가지는 것이 중요하다. 따라서 채널 · 고객 측면의 일관성
이 비즈니스 컴포넌트 도출을 위한 distribution 영역에서의 성공요
인이다.

manufacturing 영역은 고객 니즈에 따라 금융상품 및 서비스를

그림 2-2 가치사슬과 업무 기능 형태에 따른 비즈니스 분류

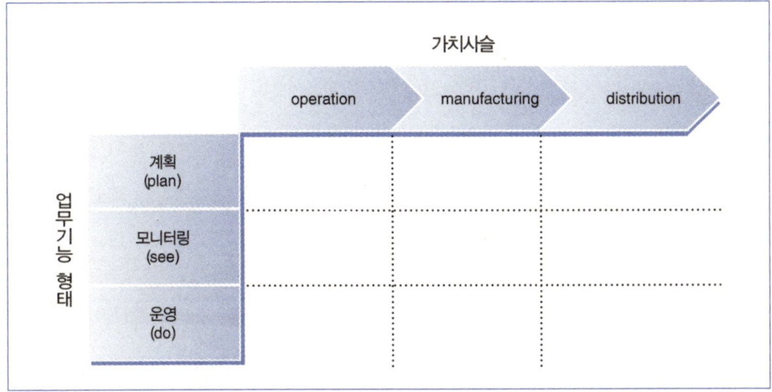

2. 금융 비즈니스 설계의 신조류 : 컴포넌트 기반의 비즈니스 모델

개발하고, 이에 대한 거래 처리를 수행하는 활동을 의미한다. 새로운 상품 및 서비스 적용을 빠른 시간에 처리할 수 있는 유연성이 manufacturing 영역에서의 성공요인이다.

operation 영역은 회사의 경영지원(회계·리스크 관리 등)과 경영관리(인사·교육 등)를 위한 후선업무를 의미한다. 대형 금융기관의 경우 운영의 규모와 효율성을 최적화시켜야 하므로 operation 영역에서의 주요 성공요인은 후선업무의 재사용성 극대화다.

종적인 측면에서의 세 영역은 다음과 같다.

첫째, 계획에 해당하는 비즈니스 활동은 일반적으로 소수의 인원 참가하고 다양한 통로에서 얻어지는 정보를 필요로 하는 프로세스를 거치는데, 정보분석과 이를 통한 통찰력을 배양하기 위한 의사결정지원 시스템(decision support systems) 테크놀로지가 요구된다.

둘째, 모니터링은 비즈니스 활동의 완수 이후, 또는 수행 도중에 이를 관찰해 성과를 측정하거나 향후 비즈니스 활동을 개선한다. 따라서 업무 결과의 분석평가 기능이 필요하며, 업무 진행상황의 모니터링을 위해서는 이를 지원할 수 있는 워크플로(workflow) 테크놀로지가 필요하다.

셋째, 실행은 많은 인적 자원을 필요로 하고 신속하면서 결함 없는 일처리에 최적화된 프로세스가 요구되는데, 대용량의 실시간 정보처리를 위해 고안된 테크놀로지를 필요로 한다.

〈그림 2-2〉에서 볼 수 있는 9개의 격자를 틀로 삼아 업무 기능을 분류한 후 최종적으로 같은 격자 내의 업무 기능 간 연관성 분석을

통해 최종적인 비즈니스 컴포넌트를 도출한다. 이에 대해서는 뒤에서 좀더 자세히 설명하고자 한다.

하나의 사물을 보고 그림을 그린다고 해도, 화가들마다 자신의 미술철학 또는 당시의 감성에 따라 서로 다른 그림을 그리게 마련이다.

마찬가지로 비즈니스 컴포넌트를 도출하기 위해서는 단순한 업무 기능 분석 및 그루핑 작업을 넘어서 기업이 앞으로 가져야 할 역량이 무엇인지에 대해, 그리고 현재 기업이 추구하는 기업전략은 무엇인지에 대해 끊임없는 고민을 해야 한다.

그러므로 같은 금융 업계에 속하는 금융기관들이라 할지라도 기업이 처한 상황과 기업전략에 따라 도출되는 비즈니스 컴포넌트의 구조는 서로 다를 수 있다.

2-2 IT 투자

컴포넌트 기반으로 비즈니스 모델을 재구성한 후 이를 지원하기 위한 시스템을 구현하려면, 새로운 모델에서 필요한 시스템 역량과 현 시스템 간의 갭(gap)이 먼저 측정되어야 한다. 이 때 현 시스템의 결함을 우선적으로 파악해야 하는데, 이는 대체로 다음과 같은 세 가지 측면에서 파악된다.

첫째, 하나의 하부 시스템이 둘 이상의 비즈니스 컴포넌트를 지원할 때 발생하는 시스템의 과부하 문제다. 일반적으로 하나의 비즈니스 컴포넌트를 위해 고안된 시스템이 다른 비즈니스 컴포넌트를 지원하는 경우, 이의 최적성을 확보하기가 어렵다.

둘째, 시스템 지원의 미비라는 문제가 있다. 이는 특정 비즈니스 컴포넌트를 지원하는 시스템이 존재하지 않거나 해당 시스템에 부적절한 테크놀로지가 적용되어, 비즈니스 컴포넌트의 기능을 제대로 지원하지 못하는 경우다.

마지막으로 복수의 하부 시스템이 동일한 컴포넌트를 지원함으로써 시스템이 불필요하게 복잡해지는 중복성의 문제가 있다.

이러한 문제점을 개선해 CBBM에 적합한 새로운 시스템을 설계해야 하는데, 미래의 환경 변화와 이에 따른 비즈니스의 변환 가능성을 감안해 확장성과 유연성을 충분히 담보해야 한다. 새로운 시스템을 확보하기 위해서는 IT 투자가 필요하다. 투자결정은 금융기관의 비즈니스 전략 및 내재된 우선순위와 연계되어야 한다. 즉 비즈니스 전략과 IT 전략 간의 차이를 뚜렷이 줄이거나 제거할 수 있어야 하며, 경쟁력 있는 핵심 컴포넌트나 영역을 우선적으로 육성하는 방향으로 투자가 이루어져야 한다.

또한 투자를 결정할 때 프로세스, 인적 자원, 시스템 등에 대해 충분한 고려가 있어야 한다.

예를 들어 투자비용 등을 감안해 출발점을 시스템 변경에 맞추더라도 신규 시스템을 도입하는 경우 확보할 수 있는 프로세스 향상 등의 이점을 고려해야 한다.

따라서 새로운 시스템을 마련하는 방안으로 기존 시스템의 재활용, 새로운 시스템 구매, 자체 개발의 세 가지 옵션이 주어진 여건에 따라 적절하게 활용되어야 한다.

2-3 핵심 컴포넌트의 육성

비즈니스 컴포넌트를 도출한 후, 다음 단계는 비즈니스 컴포넌트별로 해당 핵심역량을 확보해 각 컴포넌트들이 최고 수준(best in class)의 기능을 발휘하도록 하는 것이다. 이를 위해선 우선 해당 금융기관의 발전방향과 역량에 비추어볼 때 현재 경쟁력이 있거나 미래에 경쟁력 배양이 가능한 컴포넌트와 그렇지 않은 컴포넌트의 명확한 구분이 필요하다. 다음으로 CBBM 구축과정에서 활용된 자원과 인력을 향후 내부에서 육성할 비즈니스 컴포넌트로 점차 이동시킨다. 경쟁력이 없다고 판단된 컴포넌트에 대해서는 내부 육성을 포기하고 점차적으로 다른 기관과의 협업 및 서비스 공유, 또는 외주를 도모한다. 이를 통해 각 컴포넌트별로 최고 수준의 가치창출이 가능토록 해야 한다.

육성해야 할 핵심 컴포넌트로 판단되어 내부적으로 해당 컴포넌트의 기능을 확대하는 경우에는 적합한 인센티브 제도를 도입하고, 컴포넌트의 경쟁력이 다른 기관의 업무를 대행할 수 있는 수준이 될 수 있도록 해야 한다. 내부 육성을 통해 규모의 경제를 달성하기 어려운 경우에는 경쟁 금융기관을 포함해 외부기관과의 협력이나 전략적 제휴를 추진해야 할 것이다. 예를 들어 Deutsche Bank, Dresdner Bank, 그리고 Commerzbank는 모기지 뱅킹 분야의 합병을 통해 이 분야에서 약 28%의 비용을 절감했으며, 독일 모기지 시장점유율도 25%로 성장했다.

가치분석 결과 내부 육성이나 외부기관과의 공유가 바람직하지 않다고 판단되는 영역은 외주대상이 된다. 또한 현재 해당 기능이 없는 영역이나 육성 가치가 있더라도 손을 댈 수 없을 정도의 문제가 있는 영역도 외주가 바람직할 것이다. 앞으로는 금융기관들이 운영 영역에서 규모의 경제를 통한 비용절감을 추구하면서 외주대상은 점차 확대될 전망이다. 모기지 서비스 제공, 수표 발급·처리, 고객의 클레임 관리 등 특정 분야만을 전담하는 기관(processor)이 출현할 것으로 전망된다.

예를 들어 영국의 Barclays와 Lloyds TSB는 외부 IT 기업과 공동으로 수표 발행·처리 업무를 전담하는 회사를 설립했다. 미국의 Vanguard는 펀드 운용은 Wellington Management & Bernstein에 외주하고 브랜드 및 고객관리를 중심으로 기타 업무만을 직접 관장하고 있다. 또한 캐나다의 Bank of Montreal, Royal Bank of Canada, 그리고 Toronto Dominion은 공동으로 세 은행의 서류처리 업무를 전담하는 Symcor Services Inc.를 설립한 결과, 표준화된 업무처리, 공통의 플랫폼 사용 등을 통한 규모의 경제에 힘입어 괄목할 만한 비용절감 효과를 거두었다. 현재 Symcor는 다른 기관에 대한 서비스를 시작하고 있다.

3. 비즈니스 컴포넌트 도출 방법

금융기관은 CBBM으로의 이행과정에서 비즈니스 구조의 전략적 재구성을 바탕으로 distribution, manufacturing, 그리고 operation 영역에서 갖추어야 할 핵심역량을 감안해 비즈니스 컴포넌트를 도출해야 한다.

3-1 distribution 영역

1) 핵심역량

가. 고객정보 통합을 통한 전사적 고객구분을 바탕으로 고객 니즈에
맞는 상품·서비스 제공능력이 필요함

금융 서비스에 대한 고객의 이해가 높아지고 인터넷상 가격비교
사이트 등장 등으로 금융기관 간 비교가 용이해짐에 따라 거래 금융
기관에 대한 고객의 충성도는 점차 감소하고 있다. 고객들은 좀더
나은 서비스와 상품을 제공하는 금융기관으로 거리낌없이 이동하고
있는 것이다. 이러한 환경 하에서 무엇보다도 고객의 충성도 확보가
중요하다고 할 수 있다.

고객의 충성도를 확보하기 위해서는 고객 니즈를 충족시키는 상
품과 서비스를 제공할 수 있어야 한다. 그런데 대기업 사장과 평사
원이 금융기관으로부터 받고자 하는 서비스 내용이 서로 같을 수 없
듯이 고객 니즈는 고객군별로 다르다. 그러므로 우선 고객을 연령·
소득·지출양식 등을 기준으로 구분하고, 이들의 라이프 스타일을
파악하는 것이 필요하다. 그 후 상품·서비스·가격·채널 등을 개
별 고객의 라이프 스타일에 맞도록 선정·가공해야 하며, 모든 비즈
니스 영역에 있어서 고객에 대한 일관된 관점을 형성하고, 이 관점
이 모든 대 고객 접점에서 유지되도록 해야 한다.

고객구분 과정은 테크놀로지와 프로세스에 대한 투자를 요구한
다. 한번에 모든 것을 이루려고 할 필요는 없다. 최초 투자로 얻어진
수익을 다음 투자자금으로 활용하는 등 단계적인 접근방법이 바람

직하다. 고객구분 작업이 계획한 대로 시행착오 없이 이루어진다 할지라도 단기적으로는 고객 이탈을 가져올 수도 있다. 하지만 이는 장기적으로 얻을 수 있는 이익에 비해 미미하다는 사실을 인식할 필요가 있다.

나. 채널별로 목표 고객군을 달리하는 등 체계적인 채널 전략이 필요함

IT 기술의 비약적인 발전에 힘입어 과거에는 상상할 수조차 없었던 새로운 채널들이 현실화되었다. 금융기관들은 다양한 채널을 확보하고 이를 유기적으로 연결하는 가운데 채널별로 주요 목표고객 그룹을 차별화하고, 이에 맞는 상품을 판매할 수 있는 능력을 갖춰야 한다. 대 고객관계는 다양한 채널을 바탕으로 이루어지기 때문에 각 채널이 유기적으로 연결되어야 한다. 많은 경우 각 채널이 독립적으로 운영되고 있어 업무처리 과정의 공유가 불가능하다. 따라서 금융기관이 고객에 대한 일관된 관점을 형성하고 교차판매의 기회를 창출하는 데 어려움을 겪고 있다. 상품 중심의 가격책정에서 벗어나 고객 또는 가계를 중심으로 가격을 책정해야 한다. 정교한 가격책정력(pricing)을 바탕으로 각 고객그룹별로 가장 적합한 채널을 통해 상품을 판매하고 대 고객관계를 유지한다면 수익성을 높일 수 있다.

예를 들어 저수익 고객그룹에게는 ATM이나 인터넷을 통해 박리다매형 상품을 판매하고, 고수익 고객그룹에게는 고객과의 일 대 일 관계를 유지하는 가운데 수익성 높은 상품을 판매하는 등 고객구분에 따른 채널과 상품 전략의 차별화가 필요하다.

2) 주요 비즈니스 컴포넌트

distribution 영역의 비즈니스 컴포넌트는 채널 관리, 고객관리, 그리고 마케팅 컴포넌트 그룹으로 나눌 수 있다.

채널 관리 컴포넌트 그룹은 금융기관과 고객과의 모든 접촉 행위를 컴포넌트화함으로써 이를 모든 채널에서 공유하도록 한다. 이를 통해 고객은 모든 시간에 모든 채널을 통해 금융 서비스에 대한 통합적·직접적인 접근을 할 수 있다. 다시 말하면 고객은 영업점, 콜센터, 그리고 인터넷에서 동일한 수준의 금융 서비스를 제공받을 수 있다. 금융기관은 고객에게 캠페인 메시지를 전달하고자 할 때 모든 채널에서 일관된 메시지를 전달할 수 있다. 채널 관리 컴포넌트 그룹은 또한 각 채널의 성과 및 비용을 분석해 향후 채널 활용전략을 수립하는 채널 관리 기능을 포함한다.

고객관리 컴포넌트 그룹은 고객정보의 일관성을 유지하고, 고객정보에 대한 분석을 수행한다. 최근 대부분의 금융기관에서 겪고 있는 고객정보의 일관성 부재 문제는 고객정보를 관리하는 체계(조직, 업무 프로세스, 시스템 등)가 분산되어 있기 때문이다. 이를 비즈니스 컴포넌트로 통합하고 모든 비즈니스 영역에서 공유함으로써 고객정보에 대한 일관성 부재 문제를 해결할 수 있다. 또한 이 그룹은 통합된 고객정보에 대한 분석을 바탕으로 전사적 고객구분을 수행하는 컴포넌트를 포함한다.

마케팅 컴포넌트 그룹은 홍보·캠페인을 포함하는 마케팅 활동의 기획·실행·평가를 담당한다. 그 중 마케팅 기획은 다른 비즈니스 영역에서 기안된 마케팅 기회를 전체 금융기관 차원에서 기획·통제하는 기능을 수행함으로써 중복되거나 비효율적인 마케팅 때문에 발생할 수 있는 자원 낭비를 사전에 막는 역할을 한다. 한편 마케팅 실행은 채널 관리 컴포넌트들과 밀접하게 연계되어 캠페인 메시지를 고객에게 전달함으로써 판매 증대, 고객 확보, 브랜드 관리 활동을 직접적으로 수행한다. 마케팅 활동의 결과는 최종적으로 효과 분석을 통해 다음 마케팅 활동의 기획을 위한 기초자료로 활용된다.

3-2 manufacturing 영역

1) 핵심역량

가. 복합상품·제휴상품의 적극적인 도입이 필요함

상품과 서비스의 범위가 확대됨에 따라 부의 창출·유지·전이 등 세 요소로 구성되는 사산관리의 중요성이 점자 커지고 있다. 앞으로는 고객자산을 관리할 수 있는 능력의 보유 여부가 금융기관의 성패를 좌우할 것으로 예상된다. 금융기관들이 고객자산을 관리하기 위해서는 기존의 주요 업무 영역에서 벗어나 고객의 모든 금융 니즈를 만족시킬 수 있는 광범위한 상품 및 서비스를 적정한 가격에 제공할 수 있어야 한다. 이와 같이 은행·보험·증권 등을 망라한 원스톱 서비스를 제공하기 위해서는 복합상품을 개발하고, 이를 원활하게 처리할 수 있는 역량이 필요하다.

또한 새로운 채널의 등장으로 인해 진입장벽이 약화되고 금융기관 간 비교와 계좌이동이 용이해짐에 따라 소매금융상품은 점차 박리다매 상품화되고 있으며 가격경쟁도 더욱 치열해지고 있다. 박리다매 상품의 남용에 따른 출혈 경쟁을 극복하기 위해서는 기존의 금융 서비스 영역을 벗어나는 상품이나 서비스를 제공할 수 있는 기회를 모색해야 한다. 금융기관 외의 기관과 협력함으로써 추가 투자 없이 새로운 상품 및 서비스 제공이 가능하고 고객과의 관계를 더욱 강화할 수 있다. 또한 고객의 라이프 스타일과 니즈에 대해 좀더 심도 있는 이해가 가능해진다. 예를 들어 영국의 통신회사이자 인터넷 보험사인 Direct Line은 인터넷상에서 자동차 및 자동차용 액세서리 판매를 통해 수만 명의 고객을 확보함으로써 많은 수익을 올리고 있다. 미국의 모기지 회사인 Countrywide Credit는 주택담보 대출, 주택매입 대행, 다양한 보험상품 판매 등 기존의 상품범위를 벗어난 새로운 상품과 서비스를 제공하고, 이를 다른 모기지 회사에 대행해주는 등 새로운 사업을 통해 수익의 30%를 얻고 있다. 주의할 점은 이러한 전략이 실패할 경우를 대비해 비금융상품으로의 영역확대는 비용을 최소화하고, 브랜드 가치의 손상을 피할 수 있는 방향으로 접근해야 한다.

나. 외부기관과의 협력을 통해 빠르게 신상품을 개발 · 출시 · 거래 처리할 수 있는 역량이 필요함

현재 몇몇 금융기관들이 고객의 수요변화에 따라 새로운 상품이나 복합상품을 외주를 통해 제공하기 시작했으나, 아직은 선진 사례에 비해 미미한 수준이며 단편적인 대응에 그치고 있다. 그리고 상품의 교차판매 역시 주목할 만한 성과를 내지 못하고 있다. 그러나 앞으로는 고객 니즈를 전반적으로 아우를 수 있는 상품을 개발하고

서비스의 범위를 확대시킬 때 자체 역량이 부족한 경우 외부 기관과의 합작이나 브랜드 공유 등을 통해 일부 상품이나 복합상품을 외부에서 조달할 필요가 있다. 이를 위해서 금융기관은 상품의 자체 개발과 외주 간의 균형을 유지하면서 적합한 파트너와 외주 담당기관을 선정하는 능력을 배양해야 한다. 이것이 핵심역량의 확충에 주력해야 하는 CBBM의 요체다. 향후 CBBM을 통해 금융산업의 네트워크화가 이루어진다면 지점망이 발달한 소매은행은 고객관리 분야를 주로 담당하고, 상품개발 능력이 뛰어난 금융기관은 여러 금융기관의 상품개발을 주로 전담함으로써 서로 협업하는 상황이 도래할 수도 있을 것이다.

2) 주요 비즈니스 컴포넌트

manufacturing 영역의 비즈니스 컴포넌트는 상품관리와 거래 처리 컴포넌트 그룹으로 나뉜다.

상품관리 컴포넌트 그룹은 상품 개발 · 출시 · 평가 · 수정 · 폐기 등의 상품 주기 전반을 관리한다. 특히 모든 상품에 대한 개발 업무를 통합 · 관장함으로써 복합상품 및 제휴상품의 개발을 용이하게 한다. 또한 상품 출시 이후 상품의 판매현황을 주기적으로 모니터링하고, 그 결과를 바탕으로 상품을 수정하거나 폐기하는 결정을 내린다. 이처럼 통합된 상품 주기 관리를 위해서는 product factory라고 하는 새로운 기술 인프라가 뒷받침되어야 한다. 이는 마치 레고 블록처럼 원하는 상품 속성들을 조합해 신상품을 개발하고, 기존 상품을 수정하는 것을 기술적으로 가능케 해준다.

거래 처리 컴포넌트 그룹은 상품 판매 이후 고객과의 계약에 준하는 금융 서비스 및 사후관리를 수행한다. 여느 비즈니스 컴포넌트 그룹과는 달리 이 부분에서는 상품별로 독립적인 비즈니스 컴포넌트가 도출될 수 있다. 그러므로 원칙적으로는 거래 처리 컴포넌트 그룹이 최소화될수록 업무 통합이 잘 이루어졌다고 볼 수 있다. 그러나 상품별로 서로 다른 업무를 무리하게 하나의 비즈니스 컴포넌트로 일반화시키는 것 역시 바람직하지 않으므로, 비슷하지만 서로 다른 상품을 위해 수행되는 업무의 통합 여부를 결정할 때는 깊은 업무 지식과 선진 사례에 바탕한 심도 있는 분석이 필요하다.

3-3 operation 영역

1) 핵심역량

가. 내부 육성, 외부기관과의 공유, 또는 외주를 통해 규모의 경제를 달성해야 함

현재 금융산업은 경쟁 심화와 성장 동력의 소진으로 전례 없는 비용절감 압력에 놓여 있다. 국내 시장에서 인원 감축 등을 통한 비용절감이 한계에 도달하고, 규제의 차이 등으로 해외시장으로의 업무 영역 확대에 일정한 제약이 존재하는 상황에서는 operation 영역에서 규모의 경제를 달성하는 것이 비용 효율성을 높이는 방법이 될 수 있다. 향후 operation 영역의 모든 기능을 자체적으로 수행하는 금융기관은 소수에 불과할 것으로 전망된다. 대부분의 금융기관은 모든 영역에서 규모의 경제를 달성하는 것이 거의 불가능하기 때문

이다.

　　나. 네트워크의 운용원리를 숙지하고 외주시에도 서비스 수준을 유지
　　　　할 수 있어야 함

　operation 영역의 외주시에 주의해야 할 점은 그 범위를 명확히 해야 할 뿐만 아니라 수주기관과의 상호작용에 대한 정확한 합의가 이루어져야 한다는 것이다.

　예를 들어 홈쇼핑몰과 택배회사 간에 상품배달에 대한 외주계약이 이루어졌다고 가정하자. 외주 발주기관은 홈쇼핑몰이고 수주기관은 택배회사이며, 외주 내용은 쇼핑몰을 통해 판매된 상품을 고객에게 배달하는 것이다. 그러나 상품 배달이라는 외주 범위에 대한 정의가 양 기관 간에 명확히 이루어지는 것만으로는 부족하다. 배달 요청방식, 배달 확인절차, 양 기관 간의 수수료 청구절차 등 배달을 놓고 이루어지는 상호작용의 내용도 명확히 정의되고 합의가 이루어져야 할 것이다.

　또한 권한, 책임, 성과체계, 서비스 수준 등에 관한 약정서를 체결해 추후 이와 관련해 수주기관과 발생할 수 있는 문제의 여지를 사전에 제거해야 한다. 무엇보다도 고객에 대한 서비스 수준이 떨어지지 않도록 해야 한다.

　앞으로는 각 금융기관이 핵심영역에 역량을 집중하면서 산업 내 다른 기관과의 네트워크화가 빠르게 진행될 것으로 보인다. 이에 대비해 외부기관과의 협력·외주 등으로 구성되는 네트워크의 운용원리를 정확하게 숙지해야 할 것이다.

다. 저비용 지역으로의 이전을 원활히 할 수 있는 역량을 확보해야 함

한편 operation 영역에서 비용을 절감하기 위한 또 다른 방안의 하나로 비핵심 컴포넌트의 저임금 국가로의 이전을 모색할 필요가 있다. 최근 5년 동안 금융권에서 이러한 움직임이 가시화되고 있는데, 아메리칸 익스프레스, 시티은행, HSBC, 윌리스 보험, GE 캐피털 등은 후선업무의 일부를 인도로 이전해 큰 효과를 보았다.

비용 효율성을 극대화하기 위해 저임금 국가로 일부 컴포넌트를 이전하는 경우 본국과 저임금 국가에서의 성공요인에는 차이가 있음을 인식해야 한다. 우선 일부 기능만을 이전하고, 그 성공 여부에 따라 이전의 정도를 결정해야 한다. 이전 국가의 정치적 위험 등을 감안해 이전된 컴포넌트의 기능 중 일부는 본국에 유지해야 한다.

이를 부서확장 방식이라고 하는데, 예를 들어 좀더 구체적으로 살펴보면 다음과 같다. 편의상 본사에서 이전 대상이 되는 기능을 담당하는 부서를 국내팀으로, 그리고 이전지역에서 이를 대신할 부서를 국외팀이라고 하자. 국내팀은 업무를 단계적으로 국외팀에 이전하되, 업무 전반을 조정하고 필요한 경우 업무를 다시 담당할 수 있는 기술을 보유해야 한다.

일반적으로 국외팀은 표준화된 업무를 중심으로 기능의 80% 수준을 담당하고, 국내팀은 표준화가 어려운 업무를 중심으로 기능의 20% 정도를 담당하는 것이 바람직하다. 업무를 이전할 때 필요한 기술을 국외팀이 충분히 습득하도록 국내팀에 의한 교육과정을 거침으로써 국외팀이 해당 업무를 독자적으로 수행할 수 있도록 해야 함은 물론이다. 국외팀은 이전업무의 처리과정만을 담당하고 업무

수행 결과를 국내팀에 보고해야 하며, 국외팀의 경영일반 및 감사는 본사에서 관할하도록 한다.

위의 예는 이전하고자 하는 업무를 대상지역에서 공급할 만한 기관이 존재하지 않아 본사가 이를 담당할 기관, 즉 국외팀을 새롭게 만드는 경우를 설명하고 있다. 만약 대상지역에 해당 업무를 담당할 만한 공급자들이 충분히 존재한다면, 이들과 합작 또는 외주를 하는 방안도 고려할 수 있다.

대상 지역을 선정할 때는 인건비, 언어, 업무처리를 위한 기업문화, 인력수준 등을 고려해 결정하도록 한다. 대상 지역에 관계없이 컴포넌트의 이전상 가장 큰 위험은 문화적 차이에서 발생한다. 이전 대상국가의 사회적·문화적 환경과 고용문화를 숙지함으로써 환경과 문화의 차이에 따른 문제의 극복 기간을 최소화해야 한다. 기존 본사 직원들의 역힐이 이전에 따라 바뀌게 되므로, 이들에 대한 보상체계를 충분히 조정해야 한다. 이들에게 이전 국가의 현지 직원에 대한 감독업무를 맡기는 등 컴포넌트 이전에 따른 유휴인력을 재배치함으로써 도덕적 해이를 방지하는 것도 필요하다.

핵심업무를 제외하고는 대부분의 후선업무가 외부 이전의 대상이 될 수 있다. 그 중에서도 최우선의 대상은 콜센터와 같이 표준화되어 있고 인력이 많이 필요한 업무가 될 것이며, 이전 대상지역의 인력 및 임금 수준, 규제 정도, 언어 등에 따라 좀더 복잡하고 핵심적인 업무 이전도 이루어질 수 있다. 그러나 완전 자동화나 고객의 셀프 서비스를 통해 대체될 수 있는 기능은 이전 대상에서 배제되어야 할 것이다.

2) 주요 비즈니스 컴포넌트

operation 영역에서 도출되는 비즈니스 컴포넌트는 경영지원과 경영관리 컴포넌트 그룹으로 구분된다.

경영지원 컴포넌트 그룹은 시스템 지원·운용·기획·총무·인사 등의 경영지원 업무를 포함한다. 각각의 업무는 모든 LOB를 지원할 수 있도록 통합됨으로써 규모의 경제를 이룰 수 있어야 한다. 최근 대형 금융기관 간 인수·합병으로 경영지원 영역에서의 업무 통합이 국내 기관에게 시급한 과제로 대두되고 있다.

경영관리 컴포넌트 그룹은 경영기획, 전략수립, 성과평가, 포지션 관리, 위험관리 등의 경영관리 업무를 포함한다. 경영관리는 기업의 전체 살림을 도맡는 매우 중요한 부문으로 각 비즈니스 컴포넌트가 업계 최고의 수준이 될 수 있도록 질적 향상이 이루어져야 한다. 특히 은행의 경우 위험관리 업무는 2006년에 발효되는 BASEL II 요건을 만족시키기 위해서 집중 투자가 필요한 부문이다. 예를 들어 리스크 분석 외에도 리스크 관리 모니터링과 외부 보고 등은 BASEL II에서 강조되는 주요 비즈니스 컴포넌트들이다.

3-4 선진 금융기관의 영역별 성공사례

1) distribution 영역의 성공사례

● Royal Bank of Canada 사례

Royal Bank of Canada(RBC)는 고객구분 전략을 통해 고객통찰 역량을 강화하고 수익을 향상시킨 대표적인 사례로 볼 수 있다.

일반적으로 고객구분은 맞춤형 가격과 서비스를 제공하기 위해 고객을 몇몇 하위 그룹으로 분류하는 프로세스를 의미한다. 글로벌 기업의 최고경영진에 대한 설문조사 결과에 따르면, 고객구분은 시장점유율을 높이고, 시장에서 기업의 전략적 위치를 선정할 때 유용한 도구인 것으로 나타났다.

고객구분 전략은 고객확보, 고객유지, 수익성 관리라는 고객의 라이프 사이클에 따른 목표를 기준으로 인구통계학적 구분, 행동기반 구분, 가치기반 구분 등의 세 가지로 나누어 생각해 볼 수 있다.

고객구분이 금융산업 전반에 걸쳐 널리 사용되고 있으나 대부분의 경우 인구통계학적 구분과 행동기반 구분에 머물고 있는 실정이다. 그런데 RBC는 고객구분을 수익성 관리 수준으로까지 끌어올림으로써 괄목할 만한 성과를 거두었다.

예를 들어 1997년 이후 고부가가치 고객 수는 20% 증가했으며, 평균 고객수익성은 13% 늘어났다. 또한 패키지 서비스 보급률은 35%에서 70%로 상승했다.

RBC는 고객의 라이프 사이클에 기초해 개인고객을 5개 군으로 구분하고, 이들 고객군에 맞추어 조직구조를 개선하는 노력을 지속해 왔다.

이 같은 RBC의 고객 세분화 전략은 오랜 역사를 지닌 것으로 1979년 고객정보 파일(customer information file)을 만들면서 본격적으로 도입된 이후 지속적으로 발전되어 온 것이다. 이러한 장기적인 전략과 노력에 힘입어 고객 확보, 고객 유지, 수익성 관리 측면에서 탁월한 성과를 거둘 수 있었던 것이다.

RBC의 성공사례는 금융기관의 고객구분 전략에 다음과 같은 시사점을 주고 있다. 먼저 경영진의 강력한 지원이 중요하다. 고객구분과 같은 대규모 과제를 성공적으로 수행하기 위해서는 금융기관 내에 동력이 형성되어야 하는데, 경영진의 지원이 이 같은 동력 형성에 중요한 역할을 담당한다. 또한 고객구분은 장기적인 관점에서 추진해야 한다는 것이다. 고객구분은 많은 걸림돌이 있는, 복잡하고 시간이 소요되는 과제로 지속적인 학습과 재평가 과정을 거쳐야만 소기의 성과를 거둘 수 있다.

다음으로 초기 성공이 전체 과정의 성공을 담보한다는 것이다. 초기에 긍정적인 결과를 얻어내지 못하는 경우에는 주주의 관심 부족과 자금조달의 어려움 때문에 고객구분 과정을 장기적으로 추진할 수 없다.

마지막으로 고객구분은 고객중심의 조직개편과 유기적으로 결합될 때 성공할 수 있음을 인식해야 한다. 금융기관의 조직은 전통적으로 상품중심으로 이루어진 경우가 대부분이다. 이 경우 고객구분은 제한적인 범위 내에서만 효과를 거둘 수 있을 뿐이다. 내부저항을 무마하면서 조직을 상품중심에서 고객중심으로 전환할 때 비로소 고객구분이 제대로 이루어진다.

2) manufacturing 영역의 성공사례

● 시티그룹 사례

시티그룹은 교차판매를 통해 원스톱 서비스를 제공함으로써 고객관계관리 역량을 강화하고 수익성을 향상시킨 대표적인 사례로 볼 수 있다.

교차판매는 금융기관이 자신의 금융상품이 아닌 다른 금융기관의 상품을 고객에게 판매하는 것을 의미한다. 주로 업종이 다른 금융기관 간 합병이나 전략적 제휴를 통해 이루어져 왔다. 소매금융 서비스의 경우 교차판매의 가치는 높지만 실현하기 어려운 과제로 인식되어 왔다.

많은 금융기관들이 교차판매를 통해 일정 수준 이상의 성과를 얻는 데 실패했으나 시티그룹은 트레블러스와의 합병을 계기로 종합금융그룹으로 도약하면서 그룹 내 각 금융기관이 서로의 상품을 교차판매해 수익성을 높일 수 있었다. 시티그룹은 상품 교차 마케팅을 통해 2000~01년 사이에 30% 이상의 매출 증가를 보였으며, 2001년 교차판매 매출액은 103억 달러로 총매출의 15%를 기록했다. 그러나 시티그룹의 모든 금융상품이 교차판매에 성공한 것은 아니며, 트레블러스 손해보험의 경우 다른 금융기관을 통한 교차판매가 성과를 거두지 못하자 매각되기도 했다.

이와 같이 시티그룹이 교차판매에서 큰 성과를 거둘 수 있었던 것은 다음과 같은 세 가지 요인으로 요약할 수 있다. 먼저 1998년에 개발한 CitiPro의 역할이 크게 작용했다. CitiPro는 Q&A 형식으로 설계되어 상담사가 고객 니즈를 전반적으로 파악할 수 있게 해주는 프로그램으로 개발되었다. 일반 고객의 평균 보유상품 수는 3.6개이나 CitiPro 고객은 6.7개의 상품을 보유하는 등 1999년 말 CitiPro 프로그램이 전사적으로 실행된 후 상품 보급률을 급격히 높일 수 있었다.

다양한 상품, 적절한 보상제도, 교차판매 문화의 전파 등도 시티그룹의 교차판매 프로그램이 성공을 거두는 데 기여했다. 시티그룹은 트레블러스와 통합되면서 은행·증권·보험을 아우르는 다양한 상품을 제공할 수 있었으며, 금융상담사를 비롯한 영업점 인력은 상품판매, 고객유지, 신규고객 확보 등을 기준으로 작성된 수익성 포트폴리오 모델에 따라 성과를 보상받고 있다. 영업점 관리자(financial executive)에 대한 보상방식도 교차판매를 지원하는 형식으로 변경했다. 이렇듯 최고경영진은 물론 영업점 일반 직원에게도 적절한 인센티브를 통해 교차판매의 중요성을 인식시키는 등 조직 전반에 교차판매 문화가 형성되었다.

후선업무의 통합도 교차판매를 원활하게 이끌었다. 시티그룹은 살로먼스미스바니(SSB)의 시스템을 중심으로 후선업무 시스템을 점진적으로 통합했다. 시티은행과 SSB의 수표 처리 시스템이 통합되었으며, 시티은행의 ATM을 통해 그룹 내 모든 금융기관에 대한 접속이 가능하고 SSB 고객이 시티은행의 영업망을 사용할 수 있게끔 시스템 통합이 이루어졌다. 또한 시티은행이 중개전산 기능을 SSB에 외주하고 납부 시스템을 SSB와 통합하면서, 모든 영업점의 금융상담사가 SSB의 거래 플랫폼에 들어가 고객에게 상품을 제시하는 것이 가능해졌다.

결론적으로 시티은행의 성공사례는 경영진의 강력한 지원, 교차판매에 대한 체계적인 직원교육과 동기부여, 테크놀로지를 이용한 고객 니즈 분석, 다양한 상품과 높은 수준의 서비스 제공 등이 교차판매의 성공요인임을 보여주고 있다.

● Royal Bank of Scotland 사례

white labeling은 자신의 브랜드 대신 다른 기관의 브랜드를 내세워 상품과 서비스를 판매하는 것을 의미한다. 이는 최근 들어 판매 증가 전략의 일환으로 이용되고 있다. white labeling 발주업체는 핵심역량에 집중하면서 새로운 판매창구를 개발할 수 있으며, 자신의 브랜드에 영향을 주지 않고도 저가로 상품을 판매할 수 있는 장점이 있다. 반면 판매를 할 때 타사의 역량과 브랜드에 의존함으로써 리스크가 증가할 위험도 있다.

white labeling을 통해 새로운 성장동인을 모색한 성공적인 예로 Royal Bank of Scotland Group(RBS)과 Tesco를 들 수 있다. 1997년 2월 PB 시장점유율이 5%대에 머물렀던 RBS는 시장점유율 개선책을 찾고 있던 중 영국 최대의 슈퍼마켓 체인 업체인 Tesco와 50 대 50 비율로 합작투자사를 설립했다. 합작투자사의 업종이 금융업임에도 불구하고 명칭은 소매유통업 회사인 Tesco의 브랜드를 그대로 유지해 Tesco Personal Finance(TPF)로 했다.

TPF는 상품범위를 지속적으로 확대하면서 수익성이 높은 금융기관으로 성장했다. 1997년 7월 신용카드 기능과 24시간 텔레뱅킹 기능을 갖춘 서비스를 최초로 제공한 이후 1998년에는 보험ㆍ대출ㆍ연금ㆍ여행자보험을, 1999년에는 ISAs(개인저축계좌) 및 애완동물보험을, 2000년에는 모기지 상품을 취급하는 등 점차 서비스 영역을 확대했다. 그 결과 2001년에 당기순이익 600만 파운드를 달성했으며, 2002년 6월 현재 275만 개의 고객계좌를 보유하기에 이르렀다. TPF보다 먼저 제휴를 맺은 Bank of Scotland와 슈퍼마켓 체인인

Sainsbury의 합작금융기관이 초기의 빠른 성장세를 지속하지 못한 반면, TPF는 지속적인 성장세를 보였다.

이와 같이 TPF의 성장이 지속될 수 있었던 것은 RBS와 Tesco의 개별 역량이 상호보완적으로 작용해 white labeling 전략을 추구할 수 있었기 때문이다. 또한 위험과 이익의 공유를 통한 합작사 간의 적절한 동기부여, Tesco라는 식료품시장에서의 최우수 브랜드 사용, 단계적인 서비스 확대를 통한 운영위험의 최소화 등이 성공요인으로 작용했다.

3) operation 영역의 성공사례

● Bank of New York 사례

국내 은행들은 그 동안 비전 정립과 그에 상응하는 전략 설정, 그리고 이를 실행하는 추진계획 간 연계성이 부족했다. 이는 현재 자본잠식과 대규모의 부실채권 보유라는 불명예를 안게 된 하나의 원인으로 작용했다. 금융 구조조정을 겪으면서 국내 은행들은 모두 기업금융의 비중을 축소하고, 상대적으로 안정적인 수익을 확보할 수 있는 소매금융의 비중을 확대하고 있는 실정이다. 그러나 개별 은행의 경쟁우위를 인식하지 못하고 무차별적으로 추진되고 있는 이 전략은 소매금융시장 내 경쟁격화를 불러일으켜 은행의 수익성 제고에 큰 기여를 하지 못할 수도 있다.

이런 관점에서 Bank of New York의 사례는 핵심역량을 중심으로 하는 경영전략의 중요성을 잘 보여주고 있다. 1980년대 초까지 뉴욕 주에 업무가 국한된 지역은행에 머물렀던 Bank of New York

이 국제 수준의 은행으로 변신하기까지는 수수료 중심의 업무에 특화하는 차별화 전략이 주효했던 것으로 보인다.

Bank of New York은 타은행들이 기피하는 증권수탁, 예탁 등 후선업무에 역량을 집중시키는 차별화 전략을 실행한 결과 현재 세계 최대의 증권관련 부수업무 실적을 올리고 있다. 특히 증권수탁(custody) 업무는 은행 전체의 수익구조에서 38%의 높은 비중을 차지하고 있는 실정이다. 이 밖에도 예탁(depository receipts), 채권관리 업무(corporate trust), 국채결제 업무(government securities clearance), 주식 명의개서(stock transfer), 주식 대여, 달러 결제업무 등에 특화하고 있다.

이러한 노력으로 Bank of New York은 지급결제 중심의 전문은행으로서 믿어지지 않을 정도로 우수한 재무구조를 견지하게 되었다. 1998년 상반기 기준으로 이 은행은 미국 내에서 자산순위가 17위(630억 달러)에 불과했으나 총자산이익률(ROA) 및 ROE 기준으로는 1위(1.9% 및 24.06%)를 고수하고 있으며, 부실채권비율 또한 전체 자산의 0.46%에 불과하다. 이에 따라 전세계적으로 진행되고 있는 합병과 규제완화 과정에서 규모의 열세를 극복하고 금융기관의 인수통합을 주도적으로 진행하고 있다. 이를 통해 증권부수 업무(securities processing)의 경쟁력 제고가 기대되고 있다.

국내 은행들도 구조조정을 성공적으로 완료한다면 핵심분야에의 선택과 집중을 통해 성공적인 경영성과를 창출할 수 있을 것으로 기대된다. 이러한 핵심분야는 무역금융(trade finance)이 될 수도 있고 고(高)가치 창출 고객(HNWI)이 될 수도 있을 것으로 보인다. 유니버

설 뱅킹 전통이 강한 독일에서도 Deutsche Bank나 Dresdner Bank 보다 지역 중심의 소매금융 전담 은행들이 평균적으로 40% 이상 높은 수익성을 올리고 있다.

한편 뉴욕 연준의 Cecchetti는 향후 은행산업이 자금조달과 위험 부담을 동일기관 내에서 수행할 all-in bank와 금융상품의 유통 서비스를 대행하는 대다수의 financial products supermarket으로 양분될 것이라고 전망했다. 따라서 국내 은행들은 인력 및 자본 구성상 all-in bank보다는 은행업의 기본특성 중 지급결제 기능과 관련된 부문을 확대해 금융상품을 전문적으로 유통하는 financial products supermarket으로 변신하는 방안을 적극 고려할 필요가 있다.

4. 비즈니스 컴포넌트의 가치 분석 및 마스터플랜

앞에서 살펴본 바와 같이 CBBM을 통해 각 금융기관의 비즈니스 컴포넌트를 도출하고, 각 비즈니스 컴포넌트가 제공하는 서비스를 명확하게 정의할 수 있다. 그러나 비즈니스 컴포넌트는 CBBM의 최종 목표인 고객·채널 일관성, 비즈니스 유연성, 그리고 업무 재사용성을 가능케 하는 논리적인 기업구조만을 보여주고 있을 뿐이다(what에 해당함). 따라서 실질적으로 business transformation을 수행하기 위해서는 비즈니스 컴포넌트 기반의 기업구조로 전이하기 위한 지침(how에 해당함)이 필요하다. CBBM은 이러한 지침을 제공하기 위해서 비즈니스 컴포넌트의 가치 분석과 business transformation을 위한 마스터플랜을 제시한다.

가치 분석은 각 비즈니스 컴포넌트가 조직의 전략 수행에 끼치는 영향을 파악하는 정성적 분석과, 비즈니스 컴포넌트의 구현을 통해서 얻는 비용절감 및 매출 증대 효과를 수치화한 정량적 분석으로 구성된다. 기존에는 금융기관이 차세대 시스템을 한 번에 재구축할 수 있는 빅뱅 방식을 취하는 것이 일반적이었다. 빅뱅(big bang) 방식을 선호한 이유는 점진적 구축(phased approach)의 경우 구축 단계마다 다른 시스템과의 인터페이스를 마련해야 하는데, 여기에는 많은 비용이 들기 때문이다. 그러나 빅뱅 방식을 통한 전면적인 시스템 재구축은 오랜 시간을 요하고, 지금처럼 환경 변화가 빠른 시기에는 적절치 않은 방식이라 할 수 있다. 또한 비즈니스 컴포넌트 모델은 단계별 구축 시스템 간의 인터페이스 구현을 최소화할 수 있는 방안을 제시한다. 그러므로 기업 전략에 부합하고 경제적 가치가 높은 비즈니스 컴포넌트를 선택해, 이의 지원 시스템을 집중적으로 빠른 시간에 구현하고, 담당 프로세스와 조직을 개편하는 것이 바람직하다.

마스터플랜은 비즈니스 컴포넌트별로 담당 조직, 업무 프로세스, 그리고 지원 시스템을 갖추기 위한 구체적인 방안을 제시한다. CBBM은 비즈니스 컴포넌트별로 이를 담당할 조직의 역할을 명확히 제시하고, 비즈니스 컴포넌트가 외부에 제공해야 할 서비스에 대한 컴포넌트 내부의 업무 프로세스를 설계한다. 시스템 측면에서는 비즈니스 컴포넌트를 지원하기 위한 시스템 아키텍처를 설계한 후 이의 구현을 위한 구체적인 일정, 비용, 그리고 필요한 프로젝트의 수와 내용을 제시한다. 물론 기업의 프로젝트 목적에 따라서 마스터 플랜의 내용은 달라진다. 예를 들어 CBBM이 BPR의 목적으로 수행 된다면 프로세스 개선 측면을 강조한 마스터플랜이 도출되며, 차세 대 코어 시스템 구축의 목적으로 수행된다면 시스템 구현 계획을 강 조한 마스터플랜이 제공된다.

컴포넌트 기반 비즈니스 모델링 사례(국내 대형 은행)

IBM Business Consulting Services KOREA

CBBM은 미국 대형 신용카드사에 최초로 적용되었으며 그 목적은 비즈니스 컴포넌트별로 현재 가동되고 있는 시스템의 문제점을 파악한 후, 시스템을 컴포넌트 기반으로 재구성하는 것이었다. 현재 이 신용카드사는 CBBM을 통해 도출된 비즈니스 컴포넌트 모델을 바탕으로 일부 운영 시스템을 전면 재구축하고 있다. 또 다른 미국 대형 은행에서도 차세대 뱅킹 시스템 구축과 프로세스 개선을 위해 소매금융 부문 중심의 CBBM을 적용한 바 있다.

국내에서도 최근 IBM BCS는 한 대형 은행(이하 A은행)을 대상으로 CBBM 프로젝트를 성공적으로 완수한 바 있다.

프로젝트의 범위가 사상 최대 규모(소매금융·기업금융·투자금융·신용카드 등 전사 은행업무 포함)였으므로 국내뿐만 아니라 세계적으로도 주목을 받았다. 세계 최대 규모의 미국 은행도 최근 들어 국내 사례에 힘입어 업무 전반을 대상으로 하는 CBBM 프로젝트에 착수했다. 여기에서는 A은행에 대한 CBBM 적용사례를 간략히 소개하고자 한다.

3~4년 내에 차세대 뱅킹 시스템을 구축하고자 하는 A은행은 시스템 구축 이전에 CBBM을 통해 비즈니스 체계를 컴포넌트 기반으로 재구성한 후, 이에 걸맞은 차세대 뱅킹 시스템을 구축하기 위한 마스터플랜을 작성했다.

프로젝트 초기 단계에서 살펴본 결과 최근의 인수 · 합병과 시스템 중복 투자로 인해 업무 프로세스와 시스템의 복잡성이 높은데다, 이들이 상품별 · 채널별로 구성되어 있기 때문에 전사적으로 기능상의 중복이 심각한 상황임을 알 수 있었다. 예를 들면, A은행의 업무 기능을 본부별로 도출해 3,000여 개로 세분화해 상세히 분석한 결과, 60%가량의 업무 기능이 다른 업무 기능과 중복됨을 발견할 수 있었다.

모델링 단계에서 이 같은 중복 업무들을 일차적으로 비즈니스 컴포넌트로 통합하고, 서로 다른 업무 기능 중 연관성이 높은 것들을 하나의 비즈니스 컴포넌트로 통합하는 작업을 순차적으로 수행했다.

이 때 연관성의 기준이 되는 것은 업무 기능 간 상호작용과 업무 기능을 수행하기 위한 지식(분석 · 고객상담 · 트레이딩 등)이다. 〈그림 2-3〉은 업무 기능 간 상호작용 분석을 통해, 업무 기능을 비즈니스 컴포넌트로 그루핑하는 사례를 보여주고 있다.

〈그림 2-3〉의 왼쪽은 a업무의 기능이 b업무의 기능과 상호작용하

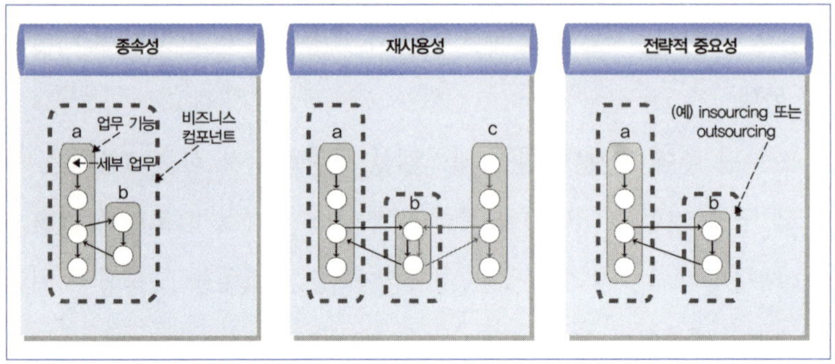

고, b업무 기능은 다른 업무 기능과 상호작용하지 않는 상황을 보여주고 있다.

이 두 업무의 기능은 종속성이 강하므로 하나의 비즈니스 컴포넌트로 묶이게 된다.

가운데 그림에서는 b업무의 기능이 서로 다른 a업부의 기능과 c업무의 기능에 의해 공통으로 사용되므로 b업무 기능은 a · c업무 기능과 다른 별도의 비즈니스 컴포넌트에 속하게 된다.

마지막으로 〈그림 2-3〉의 오른쪽은 b업무의 기능이 a업무의 기능에 종속되더라도 b업무 기능을 분리함으로써 전략적인 이익을 얻을 수 있을 때는, 이를 별도의 비즈니스 컴포넌트로 도출해야 함을 보여준다.

예를 들어 외부조직에게 인소싱(insourcing) 서비스를 제공할 수 있도록 b업무 기능의 역량을 강화하거나, 반대로 외부조직에게 b업무 기능을 외주함으로써 비용 효율성을 이루고, 좀더 핵심적인 업무에 집중할 수 있는 경우다.

A은행의 경우 약 70개의 비즈니스 컴포넌트가 도출되었으며, 각 비즈니스 컴포넌트가 외부에 제공할 서비스의 명세와 내부적인 시스템 요건이 제시되었다.

A은행은 CBBM을 통한 비즈니스 컴포넌트 모델을 차세대 시스템에서 구현함으로써 업무와 시스템의 중복성을 크게 줄일 것을 기대하고 있다.

〈그림 2-4〉는 CBBM 적용 후 A은행의 비즈니스 구조 변화를 예시하고 있다.

왼쪽 그림에 나타나 있는 바와 같이 기존의 비즈니스 구조에서는 여신부문과 신용카드 부문이 상품개발, 고객심사, 그리고 고객정보관리 업무를 각각 수행하고 각자 독자적인 지원 시스템을 개발·사용하고 있다.

그러나 CBBM은 이러한 중복 업무들을 먼저 파악한 후, 이들을 각각 상품개발 컴포넌트, 고객심사 컴포넌트, 고객정보 컴포넌트로 그루핑한다.

그림 2-4 CBBM을 통한 비즈니스 구조의 변화(예시)

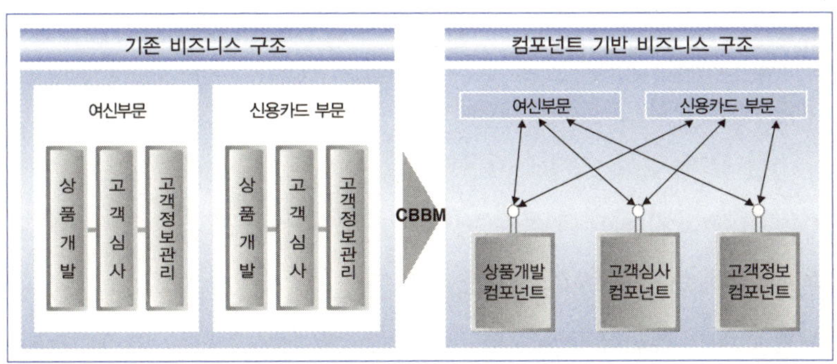

2. 금융 비즈니스 설계의 신조류 : 컴포넌트 기반의 비즈니스 모델

<그림 2-4>의 오른쪽은 CBBM에 의해 제시된 새로운 형태의 컴포넌트 기반 비즈니스 구조를 보여주고 있다.

<그림 2-4>에서 보는 바와 같이 업무의 중복성을 제거함으로써 얻을 수 있는 직접적인 이득은 규모의 경제를 통한 비용절감이다. 그러나 장기적으로 볼 때는 고객정보의 일관성을 유지하고, 상품개발 역량을 강화하며, 시스템 유연성을 극대화시킬 수 있다는 점이 더 큰 이득일 것이다.

고객정보 측면에서는 고객정보관리 업무를 하나의 비즈니스 컴포넌트에 집중시키고 다른 업무 부문이 이를 재사용하게 함으로써 고객정보의 일관성 있는 유지가 가능하다. 기존의 비즈니스 구조 하에서는 고객정보의 관리업무와 시스템이 채널별·상품별로 다르기 때문에 고객관련 정보들을 통합해서 고객에 대한 일관된 관점(single view)를 형성하기가 어려웠다.

고객정보의 일관성 부재는 A은행의 마케팅 역량을 저해하는 가장 큰 요인이었다.

그러나 <그림 2-4>의 오른쪽에서 보는 바와 같이 컴포넌트 기반 비즈니스 구조에서는 고객정보 컴포넌트를 서로 다른 업무 부문에서 공유함으로써 고객정보의 일관성을 해치는 문제점을 근본적으로 해결한다.

이를 통해 얻을 수 있는 일관성 있는 고객정보는 신규 고객 유치, 기존 고객 가치 극대화 등을 위한 마케팅 활동을 효율적으로 수행할 수 있는 초석이며, 매출 향상으로 연결된다.

상품개발 측면에서는 은행 전체의 상품개발 업무를 비즈니스 컴포넌트로 통합함으로써 빠르고 원활하게 복합상품과 제휴상품을 개발하는 것이 가능해진다.

과거에는 상품개발이 각 상품을 담당하는 조직에서 독립적으로 수행됨으로써 복합상품을 만들거나 제휴상품을 만들기가 어려웠다.

시스템도 새로운 상품에 대한 처리 방식을 기존 시스템에 추가로 구현하는 방식을 취하고 있으므로, 새로운 상품을 기획한 후에도 이를 출시하는 데에는 오랜 시간이 소요되었다.

그러나 급변하는 고객 니즈에 대응하기 위해서는 상품 개발 및 출시 속도가 빨라야 한다.

또한 지주회사와 대형 은행이 지향하는 원스톱 서비스를 실현하기 위해서는 복합상품과 제휴상품의 개발이 필수적이다.

〈그림 2-4〉에서 보는 바와 같이 CBBM을 통해 제시된 새로운 비즈니스 구조에서는 상품개발 컴포넌트가 전체 상품의 개발을 주관함으로써 복합상품 및 제휴상품을 좀더 일관성 있고 빠르게 개발할 수 있다.

이를 위해서는 상품개발 역량을 집중적으로 강화하고, 이를 뒷받침할 수 있는 시스템을 마련해야 함은 물론이다.

마지막으로 시스템 유연성 측면에서는 컴포넌트 기반 시스템의 구현을 통해 최소 비용으로 빠른 시간에 경영환경 변화(규제 변화, 새로운 비즈니스 모델 도입, 인수·합병 등)에 적응할 수 있는 유연한 시스템을 구축할 수 있다.

예를 들어 환경 변화에 영향을 받는 특정 비즈니스 컴포넌트의 내부 시스템만을 변경함으로써 전체 은행 시스템의 큰 변화 없이도 환경 변화에 대응할 수 있다. 이 같은 시스템 유연성은 A은행이 고객 니즈 변화에 빠르게 대응하는 speed-to-market을 실현할 수 있게 하는 원동력이 될 것이다.

04
전사적 business transformation을 위한 조언

IBM Business Consulting Services KOREA

CBBM을 통한 business transformation은 금융기관 구조의 전체적인 변화를 필요로 하기 때문에 많은 노력과 진통이 따르는 긴 여행이 될 것이다. 그러나 이는 다음 세대에 경쟁적 우위를 점하고 금융기관의 생존을 좌우할 수도 있는 핵심역량을 갖추기 위해서 꼭 필요한 과정이다. business transformation을 통해 단기적으로는 기존의 업무와 시스템을 재배치해 비즈니스 복잡성을 줄일 수 있고, 좀 더 나은 절차와 시스템을 통해 예전에는 복잡성 때문에 이루기 힘들었던 규모의 경제를 얻을 수 있다. business transformation의 최종 단계에서는 비즈니스 환경이 변화할 경우 업무 및 시스템의 신규 도입이 아닌 재사용과 확장을 통해 빠르게 대응할 수 있을 것이다. 따라서 business transformation의 단기 목표는 비용구조 개선이며, 장기 목표는 비즈니스 유연성을 통한 매출 극대화다. 이러한

business transformation을 성공적으로 이루기 위해서는 몇 가지 주의할 점이 있다.

먼저 금융기관 자신이 모든 비즈니스 컴포넌트를 직접 수행하려고 해서는 안 된다. 상품개발 및 처리 영역은 항상 제휴기관과의 협업을 고려해야 한다. 거의 모든 금융기관이 자신이 제공하는 금융 서비스만으로는 고객에게 원스톱 서비스를 제공할 수 없다. 대형 금융기관 또는 금융지주회사의 경우, 부의 창출에서부터 재산의 유지와 양도까지 고객의 다양한 요구사항을 충족시킬 수 있도록 상품과 서비스를 확대해야 한다. 따라서 필요하다면 전략적인 제휴를 통해 제휴기관과 같이 공동 브랜드의 개발을 고려해야 한다. 또한 운영과 관련된 비즈니스 컴포넌트들은 업계 최고가 되어야 하며, 핵심적인 부문을 분사시켜 새로운 수익을 올릴 수 있으면 더욱 바람직할 것이다. 그러나 만약 기업 내부적으로 수행하기 힘들거나 비용 부담이 클 경우에는, 가장 적합한 파트너를 선정해 과감하게 아웃소싱하는 편이 현명하다.

업무 통합 및 아웃소싱을 수행하다 보면 조직 구성원들에게 혼란과 위기의식을 가져다 줄 수 있을 것이다. 그러므로 business transformation의 각 단계에서 회사 전체의 비전과 business transformation의 목적을 조직 구성원들에게 분명하게 알리는 것이 필요하다. 즉 비즈니스 컴포넌트 모델로의 전환이 어떻게 매출을 향상시키고, 비용을 감소시키며, 자산 활용에 도움이 되는지 구성원들에게 설명하고 동의를 구할 수 있어야 한다. 이를 위해 경영진의 확고한 의지와 효율적인 변화관리 방안 및 성과측정 기술의 개발이 필수적이다.

　마지막으로 시스템 아키텍처와 기반 기술이 비즈니스 컴포넌트 모델과 부합해야 하며, business transformation이 또 다른 시스템의 복잡성을 가져오지 않도록 일관된 시스템 아키텍처를 유지해야 한다. business transformation은 철저하게 비즈니스 중심으로 이루어져야 하며, 이를 지원할 수 있는 최적의 금융 시스템과 기술 기반을 구축하도록 노력해야 한다.

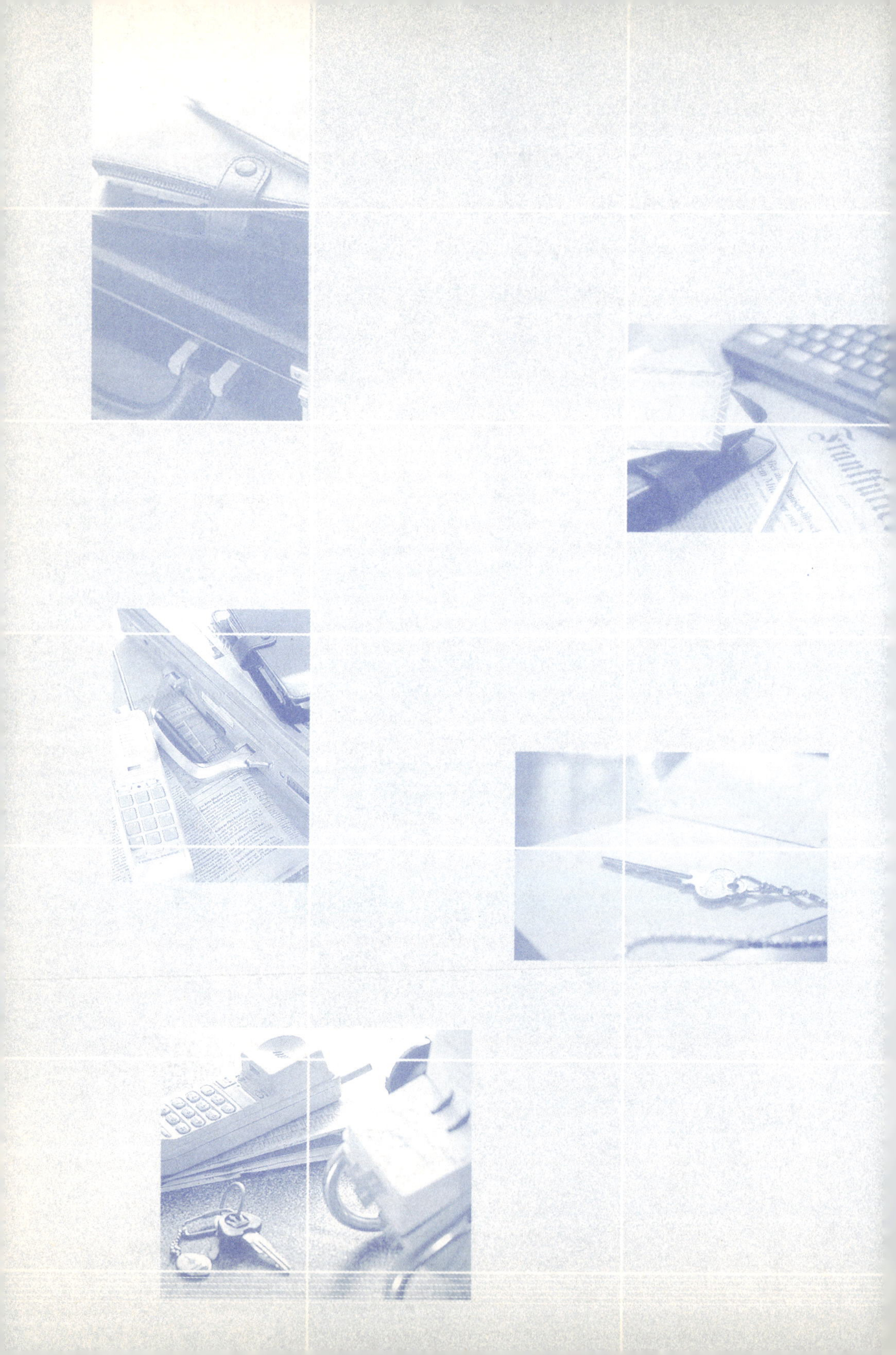

고객관계관리와 고객중심 금융기관으로의 변환

3

최근 금융시장 환경은 고객기반 확대, 규모의 경제 달성을 위한 금융기관의 대형화 추세, 세분화된 시장영역에서의 선점을 위한 경쟁의 가속화 움직임이 지속되고 있으며, 금융업 간 장벽완화에 따른 고객중심의 원스톱 금융 서비스 제공으로 변화하고 있다.

이렇듯 국내 금융환경이 변화함에 따라 고객자산의 중요성이 부각되고 있으며, 향후 금융기관의 경쟁력은 고객관리 역량에 따라 좌우될 것이다. 고객중심의 경영체제를 구축해 효과적으로 고객을 관리하는 것은 금융기관의 생존 및 성장을 위한 선택이 아닌 필수조건이다.

외국 금융기관 진입 확대와 금융 업종 간 진입장벽 붕괴에 따른 경쟁 격화, 소비자 욕구의 다양화, 정보획득 비용 감소에 따른 소비자의 협상력 강화 등으로 금융업에서 고객의 중요성이 더욱더 부각되고 있으며, 이미 많은 국내 금융기관이 고객을 경영의 중심축으로 인식하고 있다.

그러나 앞에 내세운 구호에 비해 고객중심 경영에 대한 이해부족, 전사적인 공감대 형성의 실패, 막연한 투자 등으로 진정한 고객중심 경영과는 거리가 있는 것이 사실이다. 해당 금융기관에게 가장 기여도가 높은 우수고객에 대한 이해가 부족한 금융기관이 대다수이고, 우수고객의 비중도 매우 낮은 편이다. 고객의 로열티 제고를 목적으로 하고 있음에도 불구하고 실질적인 로열티를 측정할 수 없고, 이에 대한 관리도 이루어지지 않아 효과적으로 로열티를 강화하지 못하고 있다. 그뿐 아니라 정보 활용도의 부족, 정보 통합의 부족 등 전략적 정보관리 체계가 미비되어 있어 고객에 대한 이해가 불충분하며, 대중(mass) 중심의 마케팅 및 영업 추진으로 타깃 마케팅 역량은 초보적인 수준이다. 상품 측면에서도 맞춤형 상품을 지향하고는 있으나, 대부분 me-too product 중심으로 상품 차별화가 없으며, 엄격한 규제환경을 감안하더라도 차별화된 상품개발 의지와 역량이 떨어진다. 또한 신규고객 확보 중심의 영업체계로 기존 고객의 효과적인 관리에 대한 의지가 부족하며, 성과평가 체계도 주로 신규고객 확보를 통한 시장점유율 확대와 연계되어 있어 고객중심 경영에 걸림돌이 되고 있다.

이러한 문제점에 대한 해결책으로서 고객중심의 경영환경 구축을 위해 제시된 것이 고객관계관리(customer relationship management : CRM) 개념이다. 1980년내에 고객만족(customer satisfaction : CS) 활동을 주축으로 고객중심의 경영이념이 확산되기 시작했고, 1990년대에는 DBM(data base marketing)의 활성화에 이어 CRM 개념이 보다 널리 확산되면서 '고객중심의 경영'이 단순한 구호가 아닌 경영성과와 직접 연계될 수 있는 기반이 마련되었다. 따라서 고객 니즈를 이해하고 이에 따른 상품 및 서비스 제공과 고객만족을 통해 지속적으로 고객과의 관계를 형성하기 위한 전략, 프로세스, 조직, IT 측면에서의 전반적인 변화 추구 활동이 더욱 부각되기 시작했고, 많은 국내외 금융기관은 CRM에 대한 투자를 확대했다. 2002년 전세계적으로 금융기관의 CRM 관련 투자는 62억 달러에 이른 것으로 추정되며, 2006년에는 100억 달러에 이를 전망이다. 국내의 경우에도 CRM 투자가

2000년부터 본격적으로 이루어지기 시작했으며, 금융기관당 약 2~3년에 걸쳐 100억~200억 원에 달하는 투자를 하고 있다.

그러나 CRM에 대한 막대한 투자에 비해 가시화된 효과가 미미해, 고객중심의 경영에 따른 성과달성이 CRM이 추구하는 궁극적인 목적임에도 불구하고 다소 회의적인 시각을 불러일으킨 것이 사실이다. 2003년 3월 발간된 가트너(Gartner) 보고서는 2006년까지 CRM 구축 프로젝트의 50% 이상이 채널연계 실패(inability to link channel), 프로세스 재설계의 부족(lack of process redesign), 실질적인 혜택 제공 실패(failure to provide any real customer benefits) 등에 따라 실패한 투자로 인식될 것이라 전망하고 있다.

여기서 주목해야 할 점은 CRM을 성공적으로 추진해 궁극적인 고객중심 경영에 한 발 더 다가가는 기업이 있는가 하면, 그렇지 못한 기업도 많다는 사실이다. CRM을 추진함에 있어서 실패하는 기업은 대부분 한 가지 이유 때문에 실패하는 것이 아니다. CRM에 대한 이해부족, 우선순위에 따른 체계적인 로드맵의 부재, 투자수익률(ROI)에 대한 충분한 검토 부족, 부서 간 커뮤니케이션의 부족, 단기적인 성과중심의 프로젝트, 전사적인 변화관리 부재, 고객보다는 사용자 중심의 개선 등 다수의 문제가 복합적으로 작용함으로써 실패하는 경우가 대부분이다. 따라서 CRM을 효과적으로 추진해 고객중심 경영체계의 기틀을 마련하기 위해서는 CRM에 대한 명확한 이해, 기업의 CRM 역량 평가 및 적절한 로드맵 수립, 고객중심의 전략, 프로세스, 조직 구성, 효과적인 커뮤니케이션과 변화관리 등을 장기적인 관점에서 지속적으로 추진해야 한다.

CRM은 "기업이 고객 행동을 중심으로 전사관리를 효과적으로 수행하기 위한 프로세스, 조직 및 기술적인 변화로 구성된 사업전략으로서 궁극적으로 고객에 대한 지식을 습득·활용하는 역량을 강화시키고, 고객과의 다양한 접점에서 습득된 정보를 이용할 수 있도록 함으로써 궁극적으로 매출 증대와 운영상의 효율성을 가져오는 것"으로 정의될 수 있다. 이러한 CRM을 성공적으로 추진하기 위해서는 가치(value)와 ROI의 중요성을 충분히 인식하고, 단순한 기술 통합이 아니라 기술 요인(technology component)과 비즈니스 요인(business component)을 통합해야 한다. 아울러 실질적인 사업 이슈를 해결할 수 있도록 혁신적이며 실행 가능한 관점에서 접근하는 것이 중요하다.

국내 금융산업에서는 신용카드사를 중심으로 CRM이 적극적으로 추진되었다. 대부분의 은행·증권·보험사 등에서는 선도기관을 중심으로 DW 구축, 고객분석, 채널 통합 등 산발적으로 CRM이 추진되었다. 앞으로 고객중심 경영 체계의 구축을 위해 CRM을 추진하는 금융기관은 CRM에 대한 명확한 이해를 바탕으로 치밀한 로드맵을 통해 추진해야 한다. 따라서 CRM에 대한 전반적인 내용을 검토해 보고, 특히 현재 CRM을 추진하고 있는 금융기관에서 주로 초점을 맞추고 있는 고객정보의 통합과 분석, 상품·서비스 전략, 그리고 다채널 운영전략에 대해 살펴보는 것이 의미 있는 일이라고 판단된다.

1. 전사 CRM에 대한 전략 수립

CRM에서 기본적으로 추구하는 가치는 고객에 대한 이해(customer insight)를 바탕으로 사업활동을 재구성(refined business actions)해 고객에게 차별화된 경험(customer experience)을 제공하는 것이다. 즉 효과적인 가치창출을 위해서는 고객의 이용행태, 고객 가치, 고객 니즈 등의 고객분석을 통해 고객에 대한 이해를 확고히 하고, 이를 바탕으로 고객에게 차별화된 상품과 서비스를 제공할 수 있도록 하는 전략·조직·프로세스·기술을 필수적으로 갖추어야 한다. 이러한 활동이 효과적으로 이루어질 경우 고객의 획득·유지·개발이 좀더 효율적으로 진행될 수 있다. 궁극적으로 up-selling과 cross-selling을 통해 매출을 확대하고, 반응 가능성이 높은 고객에 대한 선택과 집중을 통해 운영비용을 감소시킬 수 있다.

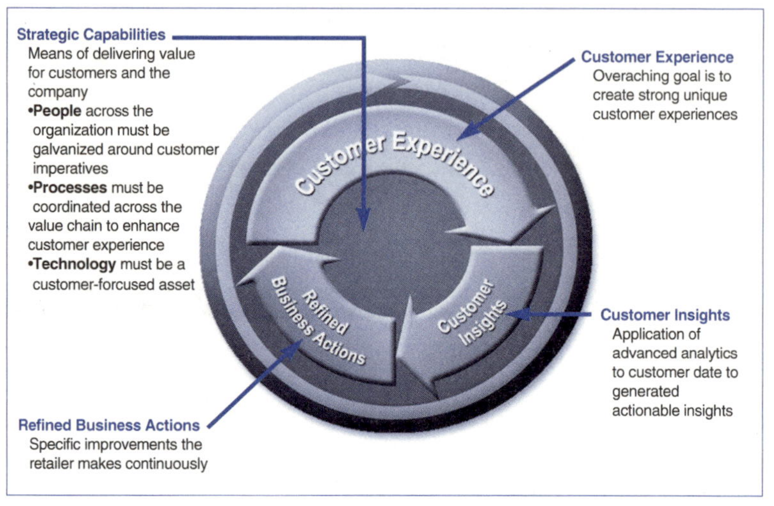

〈그림 3-1〉에서와 같이 금융기관에서 프로세스, 조직 및 시스템이 CRM을 통한 가치의 선순환 구조 추구를 위혜 배치되었을 경우에는 전체적으로 모든 프로세스가 closed-loop 형태로 이루어진다. 또한 고객 입장에서는 원하는 모든 채널을 이용할 수 있으며, 각 채널에서 동일한 수준의 서비스를 제공받을 수 있다. 금융기관은 접촉 채널에서의 모든 이력을 통합 · 관리함으로써 고객이 원하는 상품과 서비스를 경쟁사와는 차별화된 방식으로 제공할 수 있는 기반을 구비하게 된다.

CRM을 통한 가치 창출과 궁극적인 목표 달성을 위해서 금융기관은 CRM 추진과 관련된 각 부문의 역량평가 작업과, 이를 기반으로 한 구체적이고 실질적인 로드맵을 구성해야 한다. 이를 위해 현재 CRM 역량의 객관적 평가를 바탕으로 개선 활동들이 도출되어야 한다. 로드맵의 개발을 통해 전체적인 CRM의 비전이 조직 내에 공유되어야 한다. 이에 대한 작업 내용을 좀더 자세히 살펴보면 다음과 같다.

CRM 로드맵 작성의 첫 단계로서 전략적 자산으로서의 고객정보 관리, 지속적인 고객의 가치 측정, 지속적인 고객의 기대 파악, 고객 가치 및 기대와 전략과의 연계, 사업부문(business unit) 간 통합, 고객 경험의 지속적 관리 등 6가지 관점에서 기업의 CRM 역량을 진단하고 향후 구비해야 하는 역량을 파악하는 단계를 거치게 된다. CRM 로드맵은 CRM 역량평가 결과와 내·외부 환경 분석에 바탕한 CRM 비전과 전략수립을 기반으로 전략·프로세스·조직·IT 등 모든 측면을 포괄해 작성된다.

CRM 비전은 사업목적(business goal)을 달성하기 위해 필요로 하는 역량을 정의하고, CRM 전략에 대한 전사적인 공감대를 형성케 한다. 또한 최종적으로 CRM이 구축되었을 때의 이미지를 그릴 수 있게 해주며, 변화 프로그램(transformation program)의 기본이 된다. CRM 비전은 CRM 역량에 대한 진단결과와 함께 CRM의 내적·외적 동인을 분석해 수립한다.

CRM 비전을 도출함에 있어 전사적 비전과 중장기 전략 달성 지원, 외부 변화동인과 내부 변화동인에 대한 대처, 경영자원과 역량을 고려해 강점을 활용하거나 약점을 보완, CRM 역량분석에서 도출된 현재 개발 중이거나 새로 확보해야 하는 역량 반영 등의 원칙이 수립되어야 한다.

CRM 전략수립은 먼저 고객·상품·채널 현황을 분석해 이슈를 파악하고 전략적 과제를 도출한다. 특히 고객 수익성 분석을 위해서는 수익관리 시스템의 결과를 CRM과의 연속선상에서 분석할 필요가 있다.

예를 들면, 고객 기반의 파악은 금융기관 전체 고객의 특성, 신규고객 비중, 인구통계적 분포, 지역별 분포, 전체 이용금액 분포, 이용고객 비중, 수익 비중 등을 중심으로 이루어지고, 고객관리의 현황 파악은 금융기관의 고객 가치 및 행동예측 모델 활용현황, 세분화 수준, 우수고객 제도의 특성, 타깃 마케팅 및 분석 체계의 파악 등으로 구성된다.

프로세스 측면에서는 CRM 관련부서 실무자와의 긴밀한 협업을 통해 현행 CRM 관련 프로세스 현황 및 이슈를 파악하고, 베스트 프렉티스(best practice)와 연계된 현행 프로세스 측면의 개선 기회를 포착한다.

조직 측면에서는 CRM 관련 주요 단위조직을 대상으로 조직진단 프레임워크를 이용해 전사적 CRM 수행을 위한 현행 조직의 이슈를 도출하고, 이슈 해결에 요구되는 조직적 역량을 정의한다. 시스템 현황 분석 단계에서는 IT 성숙도 모델(maturity model) 프레임워크를 기반으로 IT 담당자 인터뷰, 내부문서 검토 등을 거쳐 현행 시스템 부문의 이슈 및 향후 발전의 목표 수준을 도출하게 된다.

이와 같이 비전과 전략이 수립되고 프로세스, 조직, IT 측면에서의 과제들이 정의되면, 이들 과제 중 우선적으로 추진해야 할 활동은 무엇이며, 이를 통해 궁극적으로 추구하는 것이 무엇인지 종합적으로 정리해 로드맵을 완성한다.

2. 고객전략

2-1 고객정보 통합의 의미와 필요성

CRM의 출발은 고객에 대한 이해로부터 시작된다. CRM을 추진할 때 가장 많이 접하게 되는 문제 중 하나는 고객정보의 부재, 정보가 있을 경우에도 그것이 부정확하거나 흩어져 있어 적시에 접근이 가능하지 않다는 점이다.

고객의 이해를 위해서는 분석작업이 수행되어야 하며, 분석을 위해서는 데이터가 필수적이다. 따라서 외부에서 얻을 수 있는 고객정보는 차치하고라도 먼저 내부에 있는 정보부터 효과적으로 활용할 수 있는 체계를 구축해야 한다.

이를 위해, 고객의 획득에서 관리에 이르기까지 효율적으로 고객정보가 관리되어야 한다. 그러나 현실적으로 업종의 특성에 따라 고객정보의 수집에 어려움을 겪는 경우가 많은 것도 사실이다. 예를 들어 보험업의 경우, 설계사가 가지고 있는 정보를 본사 차원에서 획득하는 데에는 커다란 어려움이 따른다. 이를 무리하게 추진할 경우에는 반발하는 설계사의 이탈에 따른 매출감소 및 혼란 등의 부작용이 우려되기도 한다.

그럼에도 불구하고 궁극적인 고객중심의 경영체계 구축을 위해서는 고객정보의 통합과 이에 따른 효과의 분석 및 이해 등이 필수적이다. 이에 대한 해결방안은 금융산업과 해당 기업의 현재 상황을 냉정하게 판단해 마련해야 한다.

2-2 고객 세그먼트 관리체제

한편, 금융기관은 다양화·복잡화되는 고객 니즈에 대응하고 새로운 시장·고객을 발굴하기 위한 일환으로 고객 세그먼트 관리체제로 전환할 필요가 있다. 고객 세그멘트 관리체제란 핵심고객에 대한 마케팅 활동의 강화에 그치지 않고, 고객군별 전략 목표를 설정하고 이에 맞추어 본사 및 채널 조직, 상품·서비스, 조직문화 및 성과관리 제도 전반에 걸친 변화를 의미한다.

은행의 경우 고객 세그먼트별 관리체제는 〈그림 3-2〉와 같이 설명될 수 있다. 금융기관이 보유하고 있는 고객 기반 및 핵심역량에 따라 관리전략이 상이하나, 일반적인 금융기관의 고객군별 관리체제의 사례를 살펴보면 다음과 같다.

high-net worth(HNW) 고객군 이상의 부유 고객군은 금융기관 수익의 대부분을 발생시키는 우량 고객군이다. 따라서 금융기관은 현

그림 3-2 은행의 고객 세그먼트별 관리체제 예시

	전략방향	상품·서비스	마케팅 체제	조직
ultra HNW	private banking : 기존 고객 유치 전략	• 차별화·전문화된 life care 서비스	고객별 차별화된 segment of one 마케팅	• PB 전담 센터/ 전담지원조직
HNW	WM 전략 : 고객당 wallet share 증대 및 기존 고객 유지 전략	• 전문화된 자산관리 서비스 • 증권/보험 복합금융 상품	• 전문화된 전담관리에 의한 face to face 마케팅 • inbound 마케팅 중심	• 영업점 중심의 고객 전담관리 조직
middle	성장전략 : 고객 up-sell 및 잠재우량 신규 고객 유치 전략	• 금융 bundling 상품 • 정형화된 부가 서비스	• 복수 채널 기반의 목표된 고객 마케팅 • outbound 마케팅 중심	• 고객관리 중심 채널로서의 영업점/비용 효과성 차원에서의 타채널과 고객관리 업무 분담
mass	mass 효율화 전략 : 비용절감 및 잠재·미래 고객 발굴 전략	• 일반 금융상품 • 저비용 서비스	• 선별적 de-marketing 체제 • outbound 마케팅 중심	• 관리조직 없음

재 보유하고 있는 고객군을 효과적으로 유지할 필요가 있다. 고객 니즈가 복잡하고 다양해짐에 따라, 상품·서비스 측면에서의 다양화·전문화가 중요하며, 해당 금융기관의 상품만이 아니라 외부 상품·서비스의 원스톱 제공이 필수적이다.

한편 자산관리 역량을 갖춘 전담직원이 차별화된 고객관리를 수행해야 하며, 또한 이들을 효과적으로 지원해 줄 수 있는 후선 지원 조직이 필요하다.

각 금융기관이 전략적으로 추진하고 있는 자산관리(wealth management : WM) 사업도 별개의 사업영역이라기보다는 고객군별 관리 체제 하에서의 HNW 고객군에 대한 고객 전략의 관점으로 접근해야 한다. 이는 전체적인 고객 전략 내에서 자산관리 전략을 설계함으로써, 금융기관의 고객군 전체를 효과적으로 활용하는 고객 시너지 효과를 창출할 수 있기 때문이다.

middle 고객군은 1인당 수익성이 낮으나 금융기관 고객 비중의 대부분을 차지하는데, 교차판매 및 up-selling 활동을 통한 고객 개발을 추진해 수익 기반을 강화할 수 있는 대상이다. 그러나 HNW 고객군과 동일한 서비스를 제공하기에는 고비용 구조가 부담이 되므로, 좀더 효율적인 접근이 필요하다. 영업점을 고객관리 중심 채널로 운영하면서 고객분석 역량을 통해 영업기회가 있는 고객을 목표로 삼는 접근이 무엇보다 중요하다.

대부분의 금융기관은 자산관리 및 프라이빗 뱅킹(private banking) 업무를 전략사업으로 선정, HNW 고객군을 중시하는 전략을 추진하고 있다. 그러나 장기적으로 볼 때, middle 고객군에 대한 효과적

관리를 통해 PB 및 WM 사업의 성공 기반을 확립할 수 있으며, 경쟁사와 차별화된 포지셔닝을 통해 전략적 우위를 확보할 수 있다.

mass 고객은 정도의 차이는 있으나 대부분 수익을 잠식하는 비수익 고객이기 때문에, 수익 보전을 위한 대책이 필요하다. 채널 이전 활동을 통해 비용을 절감하고, 상품·서비스 가격체제를 재조정함으로써 mass 고객에서 발생하는 수익 잠식을 억제해야 한다. 이러한 효율화 전략은 일정 정도 고객의 거부감을 불러올 수 있다. 따라서 mass 고객 내 잠재고객을 발굴하면서 고객 저항을 완화시키는 단계적 접근이 필요하다.

2-3 고객 세분화 프레임워크

앞에서 설명한 고객 세그먼트별 관리체계의 효과적인 활용과 목표 고개군에 대한 (니즈 충족을 위한) 구체적인 전략 도출 과정은 고객 세분화에 기초한다. 고객을 세분화하는 관점은 고객의 예탁자산 및 수익성과 같은 해당 금융기관 내부관점에 근거해 구분하는 inside-out 접근과, 이와는 무관하게 고객 자체의 특성에 따라 구분하는 outside-in 접근으로 구분될 수 있다.

기업 규모나 개인의 거래금액 등 내부관리 관점에서 고객을 구분하는 전통적인 inside-out 방식이 금융기관의 세분화 접근으로서 활용되고 있다. 이러한 방식은 기업고객의 경우 해당 업체의 규모에 따라 파생되는 금융 니즈의 규모 및 그 복잡성이 비례하기 때문에, 기업체를 구분하는 마케팅적 기준으로 의미가 있다. 그러나 개인고객의 경우 거래 금융기관을 중복적으로 가져가는 경향이 크기 때문에, 내부적으로 포착 가능한 거래 규모로서는 고객을 이해하고 적절한 대응을 하는 데 한계점이 노출된다. 따라서 금융기관의 단순 거래 규모보다는 수익성 요소를 강화해 접근하는 것이 관리적 관점에서 좀더 의미 있는 것으로 인식되고 있다.

금융기관의 고객을 수익기여 규모에 따라 구분하면 금융기관의 수익제고를 위한 전략방향이 도출될 수 있다. 금융기관의 고객 구조에 따라 결과의 차이는 있지만, 일반적으로 수익성이 높은 고객부터 낮은 고객까지 순서를 매긴다면, 수익성이 높은 상위 10~20% 고객이 가져다 주는 수익이 금융기관 전체 수익 규모의 상당 부분을 차지한다. 하위 30% 정도의 고객은 비수익 고객으로 총수익을 잠식하고 있다. 이러한 고객 세분화 방법은 수익기여 관점에서 핵심 우량 고객을 도출할 수 있고, 손익 보전을 위한 고객 규모의 파악이 가능해 관리전략 수립에 용이하다.

그러나 inside-out 방식은 고객을 구분하는 기준으로서는 매우 단순하고 용이하나, 수익 제고를 위한 실행 차원의 가치는 크지 않다. 이 방식은 사후적·결과론적인 수치에 따른 고객구분으로, 고수익 고객과 저수익 고객을 포착해 조직·인력 등의 마케팅 자원을 배분하는 객관적인 기준 틀로서 매우 유익하다. 하지만 고수익 고객의 행동양식을 변화시켜 장기적인 관계를 유도하거나 저수익 고객의 수익성을 높이는 적극적인 활동에는 활용되지 못한다. 이는 inside-out 방식이 고객 자체의 특성이 반영되지 않는 고객구분이기 때문이다.

고객대응 방식이 고도화되고 고객 자체의 니즈가 중시되면서, 그동안 포착하지 못한 고객 사제의 특성에 따른 다면적 고객 분류가 필요하게 되었다. 이러한 고객 자체의 특성에 따른 고객 이해는 outside-in 접근이라고 할 수 있다. outside-in 접근에서는 고객을 세분화하는 기준으로 고객의 연간 소득, life stage, 그리고 고객의 행동 유형 등을 활용하고 있다.

고객의 연간소득은 고객의 금융자산 규모와 금융 니즈 등 금융적 측면에서 고객을 이해하는 수단으로 활용되며, 고객의 life stage는 연령별 라이프 스타일의 차이를 식별, 고객의 잠재적 니즈 및 행동양식을 이해할 수 있도록 한다. 많은 선진 외국 금융기관은 고객 이해를 위해 다양한 시도를 하지만, 소득과 life stage를 가장 중요한 고객 특성으로 간주하고 있다.

outside-in 접근과 inside-out 접근은 양자택일의 고객이해 방식이 아니라 금융기관의 활동 목적에 따라 선택 또는 조합되어야 한다. 전략적 차원에서의 방향설정과 조직·제도 등의 내부적 자원의 배분 기준으로서는 inside-out 접근이 매우 유용하다. 반면, 마케팅 활동으로 고객의 행동방식을 변화시키고자 하는 좀더 적극적인 수준으로 접근할 때는 outside-in 접근이 활용되어야 한다.

이 같은 고객 세분화의 두 가지 접근방법을 금융기관 입장에서 좀더 실무적으로 적용하기 위해서 살펴보아야 하는 관점은 첫째, 해당 고객이 우리 회사에 기여하는 가치가 어느 정도인가? 둘째, 고객이 우리 금융기관에 원하는 것이 무엇인가? 마지막으로 어떤 채널을 통해 고객을 관리해야 하는가로 요약할 수 있다.

이들 질문을 해결하려면 고객 행동을 이해하기 위한 다차원적인 고객분석 활동이 필요하다. 하지만 가치기반(value-based), 니즈 기반(needs-based), 채널 기반(channel-based)과 같은 고객 세분화 등을 통해 고객에 대한 기본적인 이해의 기틀이 마련될 수 있다.

1) 가치기반 세분화

가치기반 세분화의 가장 큰 목적은 현재 및 잠재적으로 가장 가치가 높은 고객을 파악·관리하는 데 있다. 즉 우리 회사에 기여도가 높은 우량고객이 누구인지, 또 어떤 고객이 우리 회사의 가치를 떨어뜨리는 불량고객인지를 이해할 수 있게 된다. 고객 가치에 기반을 둔 세분화를 수행하기 위해서는 먼저 기업이 평가해야 하는 고객 가치가 무엇인지를 정의하고, 그 정의된 가치를 측정할 수 있어야 한다. 실제로 프로젝트를 수행해 보면, 고객 가치라는 추상적인 개념을 구체적으로 측정 가능한 기준으로 변환시키기 위해서는 고객 가치에 대한 측정 기준을 정의하는 것이 무엇보다 중요한 과제임을 알 수 있다.

CRM 관점에서 고객 가치의 중요한 측정 기준은 수익성과 로열티다. 특히 수익성 기준은 반드시 필요하다. 실제로 고객 수익성을 측정해 본 국내 기업들의 경우에도 20% 이하의 고객이 80% 이상의 수익을 창출하는 '20 대 80의 법칙'이 그대로 적용됨을 확인할 수 있다. 고객 개개인의 수익성을 정확하게 측정하기 위해서는 활동기준원가관리(activity-based costing : ABC)를 통해 비용이 고객 개인별로 분배되는 것이 바람직하지만, 현실적으로 ABC를 통해 고객에게 모든 비용을 정확하게 부과하기란 매우 어렵다. 따라서 프로젝트를 추진하는 금융기관이 속한 산업 특성을 반영해 차선의 수익성 측정 기준을 산출하는 것이 좀더 현실적인 방안이다.

고객 가치를 로열티라는 요소로 측정하고자 할 때는 수익성 측정과는 다른 어려움에 직면한다. 바로 로열티를 무엇으로 평가할 것인지에 대한 어려움이다. 이것은 고객 로열티의 증대를 중요하게 인식하면서도, 로열티를 실제로 측정하는 기업은 많지 않은 현실을 설명한다고 하겠다. 따라서 고객 가치의 중요한 요소로 로열티를 측정하기 위해서는 산업별로 고객사의 특성에 맞게 로열티를 정의하고, 이 정의에 가장 근접하게 계량화할 수 있는 로열티 모델의 개발이 필요하다.

고객의 수익성과 로열티를 측정하는 것도 중요하지만, 고객의 리스크가 비즈니스에 중요한 영향을 미치는 경우에는 수익성과 로열 티뿐 아니라 고객 리스크를 또 하나의 중요한 고객 가치 변수로 고 려하는 것이 필요하다. 특히 소매금융업의 경우에는 고객 리스크를 중요한 고객 가치의 한 요소로 보는 것이 일반적이다. 따라서 고객 의 신용 리스크 등이 감안된 고객 가치의 측정 방법이 사용된다.

이 밖에 LTV(life time value)를 이용해 고객 가치를 측정할 수 있다. LTV는 고객의 현재가치뿐 아니라 미래가치를 추정한다. 하지만 실 제 측정하는 데는 다소 어려움이 있는 것이 사실이다. 장기적인 관 점에서 좀더 엄밀하게 고객 가치를 반영하기 위해서는 LTV를 산정 하기 위한 작업이 필요하며, 산정방법을 만들어놓고 지속적으로 수 정·개선·보완하는 작업이 수반되어야 한다.

2) 니즈 기반 세분화

초기에 분석 CRM을 도입한 국내 기업들의 경우 전사적인 가치 기 반 세분화를 수행한 후, 가치기반 세분화가 고객 서비스의 차별화를 위한 의사결정에 필요한 정보를 줄 수 없다는 사실에 당황했다. 이들 기업은 고객관리의 차별화 수준을 결정하는 데 필요한 가치기반 세 분화와 차별화 종류를 결정하기 위한 니즈 기반 세분화의 역할을 정 확하게 이해하지 못했다고 하겠다. 간단히 말해 가치기반 세분화가 전략적 목표고객을 찾기 위한 것이라면, 고객 니즈 기반 세분화는 목 표고객을 전략적 방향으로 유도하기 위해 고객에게 전달해야 하는 가치가 무엇인지를 찾는 것이다.

그 동안 니즈 기반 세분화는 신제품 개발을 위한 소비자조사 형태로 이루어져 왔다. 잠재고객을 위한 제품과 서비스 속성(attributes)에 대한 선호도를 조사해 유사한 속성을 선호하는 몇몇 집단으로 세분화함으로써 신제품 개발이나 기존 제품을 업그레이드하는 데 활용하는 것이다. 고객 니즈 기반 세분화가 기존의 소비자조사와 다른 점은 대상 고객이 이미 기업과 고객관계를 형성한 기존 고객이라는 것과, 고객 니즈에 대한 이해 수준이 폭넓고 지속적이라는 것이다. 이 같은 세분화는 주로 현재 사용하고 있는 상품과 서비스에 대한 정보를 기반으로 하거나 라이프 스타일, life stage, 소비심리, 구매태도에 대한 정보 등을 기반으로 수행되는 것이 일반적이다. 가장 중요한 점은 현재의 정보로도 파악 가능한 고객 니즈를 우선 밝혀내고, 지속적으로 고객의 니즈 파악 체계를 구축·시행해 나가는 데 있다고 하겠다.

3) 채널 기반 세분화

채널 기반 세분화는 각 고객별로 어떤 채널 경로를 통해 커뮤니케이션을 수행하는 것이 효과적인지에 대한 정보를 제공한다. 예전과 달리 통신 기술이 발달한 오늘날에는 고객과 기업이 의사소통할 수 있는 채널 종류가 전통적인 영업점과 콜센터뿐 아니라 팩스, 웹, 메신저, e-mail, ATM, kiosk 등으로 다양해졌다. 고객 유치 채널에 따른 세분화 및 주요 서비스 접촉 채널에 따른 세분화 등이 채널 기반 세분화의 하나라고 하겠다.

고객 세분화 전략에 있어 무엇보다도 중요한 점은 실제로 개발된 고객 세분화를 어떤 방식으로 전략에 연계시켜 각 고객접점에서 고객에게 실질적으로 차별화된 상품과 서비스를 제공할 것인지에 대해 구체적인 고려가 없는 경우 실패할 가능성이 높다는 것이다. 따라서 통계학적으로만 의미가 있는 결과가 최선의 결과를 가져오는 것은 아니며, 특히 고객접점에서의 차별화에 대한 심각한 고려가 있어야만 한다. 실제로 프로젝트를 해보면 이미 고객 가치와 고객 니즈에 대한 세분화를 가지고 있는 고객사들이 세분화를 어떻게 활용해야 하는지 명확히 이해하지 못함으로써, 전사적 활용이 이루어지지 않은 채 모델 개발로만 끝나는 경우를 많이 볼 수 있었다. 따라서 고객 세분화는 단순히 분석에 그치는 것이 아니다. 실질적으로 차별화된 상품과 서비스를 제공할 수 있도록 고객에 대한 이해가 뒷받침되어야 한다.

3. 상품·서비스 전략

그 동안 법적 규제 및 범용적 상품 구조로 인해 금융기관 간 차별적 상품을 찾기가 어려웠다. 따라서 금융기관의 상품 경쟁력 차원에서는 리스크 관리역량과 상품의 금리구조에 근거한 금리 경쟁력만이 존재했고, 비가격적 가치요소 및 서비스의 다양화가 논의되기 어려운 상황이었다. 결국 금리 혜택을 강화하기 위한 영업구조에 의해 금융기관 간 경쟁이 심화될수록 고비용 영업구조가 유발되고 있다.

금융 그룹의 출범에 따른 금융산업 간 규제가 완화되고, 고객 니즈가 다양해지고, 정보의 가용성이 높아지고 있는 상황에서, 새로운 가치제안 요소를 가진 상품 서비스가 고객에게 맞춤형으로 전달되는 것이 금융기관의 경쟁력 확보에 중요한 요소로 떠오르고 있다.

방카슈랑스를 비롯해 금융상품의 범위는 지속적으로 확대되고 있다. 하지만 현재 그 수준이 기존 채널을 통한 판매대행 정도에 머무르고 있어 완전한 의미에서의 복합 시너지 창출이 이루어지지 못한다. 이제 금융기관들은 양적인 line-up의 확대가 아닌, 고객 관점에서 복합적인 상품·서비스를 제공함으로써 교차판매 활성화 및 장기적 관계를 유지하기 위해 노력해야 한다.

고객 관점에서의 복합적 상품·서비스 제공을 통해 종합금융 서비스의 시너지를 창출하기 위해서는 세 가지 방향에서 상품·서비스의 혁신이 이루어져야 한다. 먼저 고객의 금융 니즈를 통합적으로 충족시키기 위한 복합 금융상품의 개발, 고객의 life stage에 따른 고객의 잠재적·정성적 욕구를 파악하고, 이를 해결할 수 있는 life stage 패키지 상품의 개발, 그리고 고객 수익성에 근거해 상품의 구성요소를 차별화·맞춤화하는 tiering 상품의 도입이 그것이다.

3-1 복합 금융상품 체제

금융상품은 기준에 따라 다양한 유형으로 분류될 수 있다. 고객의 금융 니즈 관점에서는 〈그림 3-4〉와 같이 5가지 영역으로 구분될 수 있다. 즉 일상적인 지불거래 활동 차원에서의 지불거래 상품, 자산의 증식과 운용을 위한 저축·투자 상품, 자금 니즈를 충족하기 위한 대출 상품, 미래의 안정적 소득을 준비하기 위한 퇴직·연금 상품, 미래의 위험을 준비하기 위한 보험상품 유형으로 분류될 수 있다.

과거에는 금융업 간 장벽과 공급자 중심의 금융기관 경영환경 탓에 상품·서비스는 그 유형에 따라 철저히 구분된 채 고객에게 전달되었다. 이는 복잡한 금융 니즈의 해결을 위해 고객 스스로 금융 솔루션을 선정해야 하기 때문에 높은 정보수집 비용이 발생하고, 금융기관의 상담 및 마케팅 활동이 전제되는 공급자 중심의 상품체제라고 이해할 수 있다. 하지만 수요자 중심의 금융업으로 전환되면서 상품 자체도 고객 니즈 관점에서 설계되어, 〈그림 3-4〉에서의 화살표 방향에서 알 수 있듯이 금융영역 간 업무 구분이 복합적으로 적용되기 시작하고 있다.

방카슈랑스의 활성화도 은행과 보험 간의 경계가 모호해지는 복합화 현상이라고 볼 수 있겠으나, 현재는 보험사의 일반적인 상품을 은행 채널을 통해 단순 판매대행하는 방식에 불과하다. 현재의 방식

그림 3-4 **고객의 금융 니즈 관점에서의 금융상품 분류체계**

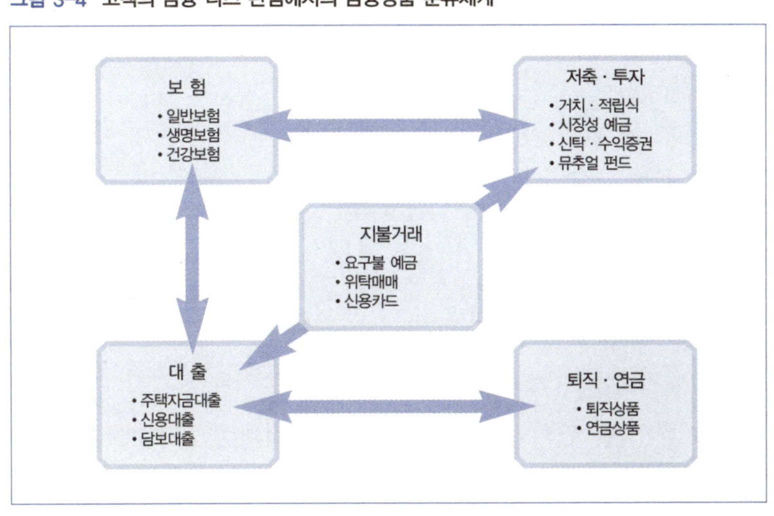

으로는 상품·서비스 차원에서의 시너지 효과는 내지 못하고 있으나, 앞으로는 고객의 요건이 까다로워지고 경쟁기관과의 경쟁이 첨예해짐에 따라 신용보험·투자보험 등 은행 상품과 밀접하게 연계·융합된 방카슈랑스 전용상품이 출시될 전망이다.

또한 기존의 요구불 상품에 각종 상품이 결합된 통합 포트폴리오 상품이 강화될 것이다. 이는 종래의 증권연계계좌의 성격을 한층 보완·강화하는 것으로, 상품 간 통합적 측면뿐 아니라 고객과의 관계를 장기화하기 위한 도구로서 상품이 활용되는 것이다. 현재는 종합신탁계좌 및 증권연계 계좌 정도만이 존재하지만, 앞으로는 은행·보험·증권·신용카드가 하나의 계좌 하에서 연동되는 진정한 의미의 포트폴리오 관리형 복합계좌가 활성화될 것이다.

이 같은 복합상품의 구성요소에는 내부적 상품 외에도 금융 제휴사의 상품 요소가 함께 존재할 수 있다. 따라서 상품구조가 복잡해짐에 따라 기획 단계에서부터 제휴사 간 협업을 통한 공동개발이 요구되며, 상품 처리 프로세스가 제휴사와 연계됨에 따라 정보 공유가 시스템적으로 설계·구현되어야 한다.

3-2 life event·stage 상품 체제

또 다른 상품·서비스의 방향으로 life event·stage 패키지 상품을 들 수 있다. 연령대별로 가족 또는 사회 내에서의 역할이 변화하고, 이에 따라 다양한 금융 니즈가 파생한다. 이의 효과적 충족을 목표로 기존 상품 간의 조합 또는 부가적 형태의 비금융 서비스가 연계된 상품·서비스가 life stage·event 패키지다. 이는 고객의 삶에

그림 3-5 life event · stage 모델

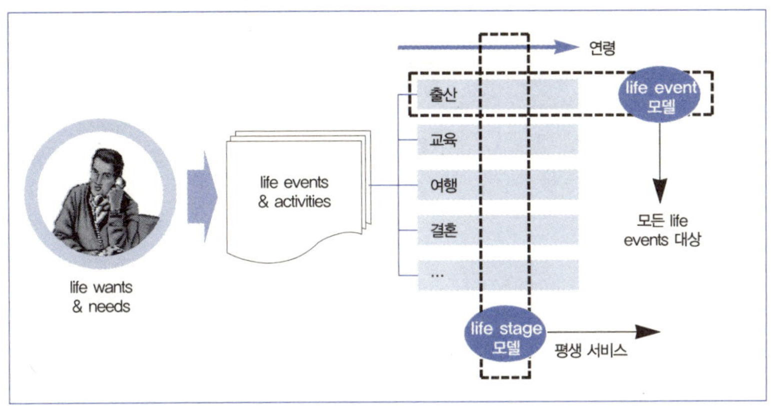

서 금융기관이 차지하는 비중을 제고함으로써 장단기적 교차판매 효과를 극대화할 수 있다.

그러나 life event · stage 접근은 고객 니즈를 지나치게 정형화시켜 고객의 소구력을 떨어뜨릴 수가 있다. 왜냐하면 동일한 life event 라 하더라도 고객이 삶을 대하는 태도(라이프 스타일)에 따라 욕구는 상이하게 표출될 것이기 때문이다. 따라서 정형화된 life event 하에서 라이프 스타일에 따라 차별적으로 적용되는 커스터마이징이 중요한 과제로 대두된다.

3-3 상품 tiering 체제

마지막으로 상품전략 방향에서는 상품 tiering을 고려해 볼 수 있다. 이는 고객 수익성에 근거해 상품의 구성요소를 차별화 · 맞춤화하는 것이다. 앞에서 다룬 금융 복합상품, life event · stage 상품 체제가 상품 범위적 측면에서 이해할 수 있다면, tiering 상품은 맞춤

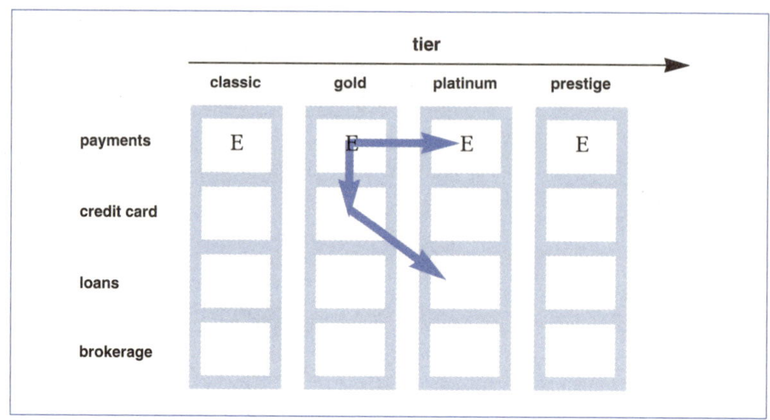

화의 특성을 지니고 있다.

상품 tiering의 핵심은 고객 세그먼트와 상품 자체를 긴밀히 연계시켜 동일 상품이라 하더라도 금리·서비스 혜택 등의 상품 기능을 구성하는 요소를 등급 구조로 차별화하는 데 있다.

이는 고객의 접촉빈도·사용빈도가 높은 상품을 주요 대상으로 하는데, 요구불 상품, 신용카드, line of credit 상품이 그 예다. 또한 동일 tier 내에서도 상이한 가격 bundling 구조를 채택해 up-selling을 유도하는 방식으로 설계되기도 한다.

이 같은 상품전략의 세 가지 방향은 별개의 방향이 아니라 복합적으로 이루어진다. 각각 고객군별로 차별화된 가격구조를 갖는 금융복합상품의 오퍼링이 그 예다.

세 가지 상품전략의 방향을 종합해 보면, 향후의 상품전략 방향은 단순상품에서 복합상품으로 전환되면서 고객관점에서 파생되는 금융 니즈에 좀더 가까이 가며, 대상 상품의 범위도 전통적인 업무 범위에서 점차 융합의 성격을 띠게 된다. 이러한 확대와 융합이 가능할 수 있도록 금융기관은 종래의 상품 범위를 넘어선 영역과의 제휴도 활발하게 진행할 필요가 있다.

결국 상품·서비스 역량의 혁신은 상품 자체에 대한 관리 스킬에서, 고객에 대한 세부적인 이해와 파트너십 역량이 강화되는 방향으로 상품 자체와 마케팅·제휴 역량이 결부된 형태로 확대·발전될 것이다. 이에 따라 상품개발팀, 제휴추진팀, 마케팅 또는 CRM팀 간의 역할 구분이 모호해지며, 이들 간 협업체계 구축이 요구된다.

4. 다채널 운영전략

4-1 채널 transformation의 필요성 및 의미

채널은 고객과의 접촉이 이루어지는 직접적인 부문으로 고객중심의 금융기관 구현이라는 측면에서 매우 중요하다. 최근 들어 콜센터·인터넷·ATM·PDA 등 다양한 온라인 채널이 발달됨에 따라 고객과의 접촉이 다양한 방식으로 이루어지고 있다. 금융기관의 입장에서는 효과적인 고객 획득과 유지 측면에서 어떤 상품을, 어떤 채널을 통해, 어떤 고객에게 제공할 것인지에 더욱 관심을 갖게 되었다. 특히 다양한 채널이 존재함에 따라 모든 채널에서 동일한 수준의 서비스와 적시에 원스톱 서비스를 제공할 수 있는 역량의 보유가 중요해졌다. 아울러 하나의 채널이 개별적으로 운영되는 것이 아니라 통합적인 관점에서의 운영이 중요하게 인식되고 있다. 또한 새로운 채널을 운영함에 따라 전체적인 운영비용이 늘어나 운영상의 효율성 제고와 투자비용에 대한 부담 없이 경쟁사와 동일하거나 좀 더 우수한 수준의 접촉 채널을 보유할 것인지에 대해 관심을 가져야 할 필요성이 증대했다.

고객중심의 경영 측면에서 채널 transformation이란 고객이 원하는 상품 및 서비스를 경제적인 방법으로 제공해 줄 수 있는 채널로 변화시키는 것이며, 또한 고객에 대한 이해를 확대시킬 수 있는 정보획득 채널로의 변화를 의미한다.

채널상의 변화를 조직 내에 구현하기 위해서는 먼저 이를 뒷받침해 줄 수 있는 후선업무의 우수성을 갖추고, 고객·시장 분석 기능과 채널 업무가 closed-loop를 형성해야 한다.

〈그림 3-7〉은 채널과 후선업무와의 관계를 나타내고 있다. 여기서 후선업무란 고객정보를 수집·분석해 마케팅 자료로 활용하는 영역과 상품·서비스를 개발하는 영역, 그리고 이러한 역량을 수행하기 위한 코어(core) 시스템 영역을 말한다.

금융기관의 채널 전략과 관련해 제기되는 이슈는 크게 채널 간 역할 재정립의 필요성과 채널 운영의 우수성(excellence)를 달성하기 위한 환경 구축이다. 채널 역할의 재정립은 고객의 채널 니즈의 다양화와 채널 비용 측면에서의 고객-상품-채널의 연계(matching)로 정리될 수 있으며, 운영상의 우수성은 채널 간 통합적 운영과 모든 접촉시점의 효과적인 활용으로 정리될 수 있다.

채널 간 역할 재정립에서는 고객의 다양한 채널 니즈를 어떻게 효과적·효율적으로 만족시켜 주느냐가 가장 중요한 과제다. 고객의

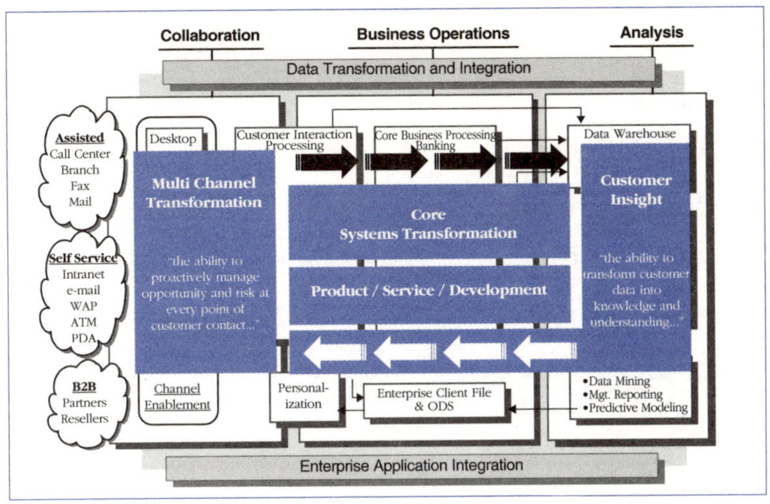

채널 니즈는 산업마다 다르고, 한 산업 내에서도 지속적으로 변해감
에 따라 고객의 다양한 채널 니즈를 파악해 적합한 채널을 제공하는
것이 더욱 중요해지고 있다.

하지만 고객에게 다양한 채널을 제공하기 위해서는 금융기관 입
장에서 비용을 발생시키기 때문에 고객 니즈의 충족과 이를 제공하
기 위한 비용을 종합적으로 판단해 전략적으로 운용하는 것이 필요
하다.

따라서 제한된 회사의 채널 자원을 이용해 어떤 고객에게 어떤 상
품과 서비스를 제공할 것인지를 결정해야 하며, 이를 위해서는 개별
고객의 가치와 니즈에 대한 이해가 바탕이 되어야 한다. 국내 금융
기관은 저수익 고객이 고비용 채널을 이용하고 있는 경우가 많은 편
이다. 인바운드(inbound)의 경우 고객이 채널을 선택하기 때문에 이

3. 고객관계관리와 고객중심 금융기관으로의 변환

에 대한 제한을 두는 것이 쉽지 않지만, 지속적인 노력과 개선을 통해 저비용 채널 이용을 유도해 가야 한다. 아웃바운드(outbound)의 경우에는 고객의 채널 선호도를 최대한 반영해 운영되어야 투자효과를 극대화할 수 있다.

한편, 현재 금융기관의 다양한 채널들은 부분적으로만 최적화된 관점에서 고객과의 접촉 기능을 수행하고 있기 때문에 채널 간 통합 운영이 이루어지지 않고 있다. 이에 따라 고객의 이력 및 활용정보가 체계적으로 관리·공유되지 않고, 총체적인 고객의 모습을 인지하기 어려워 고객 응대 시점에서 일관된 메시지로 대응하기 어려운 상황이다. 따라서 통합적인 운영을 통해 좀더 효과적인 고객과의 접촉이 이루어질 수 있는 기반을 마련할 필요가 있다.

기존 고객들 중에는 상담·정보변경·문의 등의 필요에 따라 금융회사를 스스로 접촉하는 경우가 많다. 채널별 업무 처리를 위한 운영상의 우수성(operational excellence)을 기본 바탕으로 이 같은 인바운드 접촉을 마케팅 기회로 활용해야 한다. 이러한 인바운드 고객에게 적합한 상품 및 서비스 제공이 가능하다고 하면 실질적인 매출과 연결될 가능성이 매우 높다고 판단된다. 고객이 자발적으로 금융기관을 접촉하는 상황을 살펴보자.

국내 어느 신용카드사의 경우 10개월 이내에 65% 이상의 고객이 콜센터에 1회 이상 자발적으로 접촉하는 것으로 나타났다. 국내 보험사의 경우에는 설계사의 영업비중이 90% 이상으로 매우 높지만, 콜센터 등을 통해 보험사로 직접 접촉을 하고 있는 고객 비중이 점차 증가하고 있는 추세다. 그리고 미국계 은행의 경우 90% 이상의 고객들이 2개월 이내에 지점을 한 차례 이상 방문하는 것으로 밝혀졌다.

결론적으로 고객 니즈가 다양화되는 반면, 채널 운영은 비용을 발생시키므로 이에 대한 전략적 접근이 필요하다. 이를 위해 채널 간 역할과 책임을 명확히 하고, 비용절감을 위한 우수한 운영환경을 바탕으로 채널의 통합적인 운영과 수익창출을 위한 마케팅 역량의 강화가 요구된다.

4-2 채널별 운영의 기본방향

금융업별로 채널 활용의 비중은 각기 다르게 나타난다. 예를 들어 은행은 영업점, 증권사는 인터넷, 보험사는 설계사, 신용카드사는 콜센터 순으로 채널 활용 비중이 높은 편이다. 채널별 운영의 기본방향은 콜센터, 인터넷의 경우 주로 서비스 중심으로 가고 영업점 · 설계사는 영업 중심으로 가야 할 것이다. 하지만 모든 채널에 걸쳐 마케팅 역량의 강화는 반드시 필요하다. CRM 운영환경 하에서 각 채널별로 마케팅 역량이 강화되기 위해서는 채널을 전사 CRM 운영환경 관점에서 바라보아야 한다.

채널별 운영방향 수립에 있어서는 각 금융업 및 금융기관의 특성이 고려되어야 한다. 채널 통합적인 측면에서 역할을 정립할 경우, 기존 채널과의 충돌(conflict)이 다소 존재하므로 이를 효과적으로 관리할 수 있는 프로그램의 마련도 필수적이다. 예를 들어 보험사의 경우 직접 통제가 가능한 콜센터의 조직 내 위상이 정립되면 현재 설계사 채널과의 역할 재조정 작업이 필요해진다. 설계사 채널은 직

그림 3-8 개인고객 대상 금융업별 채널의 상대적 비중

	은행	보험사	증권사	신용카드사	기본방향
콜센터	◑	◕	◑	●	• 서비스 우선 • 마케팅 역량강화
영업점	●	◔	◕	◑	• 비부가가치 업무 축소 • 지역기반 마케팅 역량 강화
인터넷	◔	◑	●	◔	• 셀프 서비스 역량 강화 • 개인화된 정보전달 강화
설계사	○	●	○	◕	• 자산관리 조언자 역할 • HNW 중심, 복잡한 금융상품 위주 • 보험상품에서 중요한 역할 지속

상대적인 비중 표시	상대적 비중 높음	←	보통	→	상대적 비중 낮음
	●	◕	◑	◔	○

접 통제에 한계가 있고, 기존 고객관리에 대한 동기부여가 약하며, 설계사 이탈의 경우 고객 정보 및 관계가 소원해지는 것이 현실이다. 이 같은 관점에서 보험사는 콜센터의 위상 재정립을 통해 CRM 실행 센터로의 변화를 추구해야 하며, 이는 전략적으로 매우 중요한 과제다.

1) 콜센터

바람직한 콜센터의 변화 방향은 전사적인 고객 콜을 집중화시켜 관리하는 방식이 되어야 한다. 전화 상담업무가 분산되어 있으면 대 고객 서비스의 일관성을 유지하기가 어렵고, 고객 정보의 확보 기회를 상실할 뿐 아니라, 후선업무의 효율성을 도모하기가 어렵기 때문이다. 콜 집중을 통해서 지점 · 영업소 · 창구 등으로 분산되어 있는 고객 서비스를 통합 운영함으로써 서비스의 균질화가 가능해 진다. 또한 고객 서비스를 세분화 · 전문화함으로써 서비스의 전문

성 및 질의 향상이 가능해진다. 마케팅 활용 측면에서 보면 고객접촉 이력의 정보 자산화를 통해 CRM 실행 주체로서의 콜센터 위상이 제고되며, 콜센터를 통해 일관성 있는 마케팅 메시지가 전달될 수 있다. 업무 효율성 측면에서도 콜 집중을 통해 영업현장 업무의 효율성이 제고되고, 그에 따른 영업 생산성의 증대를 기대할 수 있다. 또한 영업부문의 후선업무 기능을 집중화함으로써 영업지원 기능이 강화된다.

이 같은 기본방향 아래 인·아웃바운드 콜 블랜딩 및 원스톱 서비스의 원활한 수행을 위해서는 상담원이 높은 수준의 서비스를 지속적·안정적으로 제공할 수 있어야 한다. 이를 위해서는 먼저 상담원이 멀티 스킬(multi skill)을 갖추어나갈 수 있는 교육체계가 필요하다. 또한 상담원 스스로 경력상의 비전을 가질 수 있도록 장려해 우수 상담원들이 지속적으로 근무할 수 있도록 해야 한다. 아울러 일정 수준의 표준화된 서비스 제공을 위해 콜센터의 서비스 수준을 계량화한 목표치를 가지고 관리해야 한다. 또한 ARS와 인터넷 채널 편의성의 극대화 및 적용 업무 확대를 통해 단순 안내 및 상담 요청을 상담원 채널로부터 인터넷과 같은 셀프 서비스 채널로 적극 이전시켜야 한다. 콜센터에서 고객들에게 제공할 수 있는 서비스 자원은 매우 한정되어 있다. 따라서 고객 가치를 통해 고객들의 전략적 우선순위를 설정, 차별적인 서비스 배분이 이루어져야 한다. 즉 VIP 고객, 손익 상위 20% 고객, 기타 고객 등으로 분류했을 때 각각 상담원 연결에 소요되는 시간이나 ARS 플로 등을 차등화시켜 운영할 필요가 있다.

2) 영업점·설계사

보험과 신용카드의 경우 영업점의 주요 업무는 설계사 모집 및 관리로 역할이 다소 제한되어 있으며, 은행 및 증권의 경우에는 고객 획득 및 서비스 제공 측면에서의 역할이 좀더 강조되고 있다. 특히 은행의 경우 인터넷·콜센터와 같은 채널이 경쟁력 강화의 주요 수단으로 활용되지만 금융의 겸업화 추세와 함께 지점의 중요성이 배가되고 있다.

특히 인터넷과 전화를 통한 홈뱅킹 시대가 자리잡고 있는 가운데 미국 은행들은 소비자의 니즈 충족을 위한 지점 확장에 나서고 있다. FDIC에 따르면, 최근 10년 간 미국 은행들은 인터넷 시대 이전의 유물처럼 여겨지던 지점의 숫자를 29% 늘렸다. 특히 Bank of America는 향후 3년 내 지점 수를 550개 더 늘리기로 했으며, 미국 내 7위권 은행인 워싱턴 뮤추얼(Washington Mutual) 은행은 2003년 한 해에만 전체 지점의 17%에 해당되는 250개의 지점을 추가 운영하고 있다.

이는 첨단기술이 지점을 무용지물로 만들 것이라는 일반적인 생각에 역행하는 추세다. 소비자들은 전화나 ATM, 컴퓨터 등을 통해 일상적인 금융거래를 하고 있지만, 한 달 평균 세 차례 정도 지점창구를 방문하고 있고 30%는 한 달에 4~5차례 찾고 있는 것으로 분석되었다. 소비자들은 은행원과 얼굴을 맞대고 상담하기를 원하고 있으며, 은행들은 기꺼이 이에 응하고 있는 것으로 풀이된다.

이처럼 고객들은 여전히 은행직원을 직접 만나 업무를 처리하고 싶어하며 은행으로서도 지점을 운영하는 것이 수익성이 높은 것으로 나타나고 있다. 은행의 업무가 뮤추얼 펀드와 연금 등 다양한 상품을 판매하는 financial products supermarket으로 확대되면서 지점의 역할이 더 중요해지고 있다.

우수고객들을 영업점과 같은 대면접촉 채널로 이동시켜 고객관리의 효과를 높이기 위해서는 영업점의 비부가가치 업무들을 다른 채널로 이관시키고, 영업점을 고부가가치 채널로 전환시키는 업무개선 노력이 필요하다. 예를 들면, 증권업에서 주식영업의 경우 약 50%에 달하는 일반 문의 중 단순 시세확인 및 상담문의가 90%를 차지하고 있으며, 그 중 매매로 연결되는 것은 10% 미만에 불과하다. 따라서 주식업무 중 단순 시세확인이나 상담문의는 영업점보다는 콜센터로 이관될 필요가 있다.

투신업무의 경우 직원들이 수작업으로 레이블(lable)을 인쇄해서 DM(direct mail)을 발송하고 있는 경우가 있는데, 본사 또는 외부 용역업체에게 DM 작업을 맡기는 것이 업무의 효율성 제고를 위해 필요하다. 보험사 영업점의 경우에도 고객 및 설계사로부터의 전화 응대 업무 중 70% 정도는 단순 안내업무다. 이를 콜센터 등의 다른 채널로 이전할 경우 영업점은 고유의 영업 기능에 좀더 집중할 수 있다.

국내 보험사의 경우, 전반적인 고객 정보의 정확성은 30~40% 정도로 평가되고 있다. 설계사 위주의 고객관리 상황에서 회사가 고객 정보를 정확하게 수집하는 데는 한계가 있다. 따라서 모든 정보를 같은 수준으로 관리하기보다는 필요 정보에 대한 우선순위를 명확히 하고 필수적인 정보 항목의 수집에 집중해야 한다.

특히 설계사가 보유하고 있는 고객 정보를 회사의 자산으로 만들기 위해서는 인센티브와 벌점제(demerit)를 병행해 설계사에게 정보 제공 동기를 부여하고, 동시에 이를 뒷받침해 줄 프로세스·시스템의 지원이 필요하다.

3) 인터넷

인터넷 채널은 편리성 측면에서 이용도가 전체 금융업에 걸쳐 높아지고 있다. 은행의 경우 인터넷을 통한 업무처리 비중은 2003년 현재 30% 이상에 이르는 것으로 추정되고 있다. 인터넷 채널의 기본 방향은 개인화된 서비스 및 마케팅의 제공이다. 웹 개인화 및 콘텐츠 관리 시스템을 기반으로 하면 마케팅뿐 아니라 서비스도 개인화된 형태로 제공할 수 있다.

이를 통해 인터넷 채널의 서비스 역량을 강화시켜 나갈 수 있다. 이처럼 개인화된 오퍼 제공 기반구축을 효과적으로 추진하기 위해서는 인터넷을 통해 고객 성향을 분석·활용할 수 있는 체계가 구축되어야 한다. 예를 들어 온라인을 통해 전개된 캠페인에 대한 대상 고객의 클릭 반응 정보를 추적·분석할 수 있는 업무 프로세스와 기능이 필요하다.

채널 전략은 갈수록 치열해지는 금융산업 경쟁환경과 상품 기본 구조상에서의 질적 차별화가 어려운 상황에서 기업을 차별화시키고, 고객을 적극적으로 관리해 나가기 위해 반드시 추진해야 할 전략적 과제다.

특히 금융산업의 통합(financial convergence) 추세에 따라 금융기관의 채널 환경은 급변할 것으로 예상된다. 이에 대비한 전사적 채널 전략의 구현은 앞으로 3~5년 후 금융기관의 위상에 많은 영향을 줄 것으로 전망된다. 또한 채널 transformation은 고객만족 및 마케팅 역량강화를 통한 수익 증대뿐 아니라 운영 효율화를 통한 비용절감을 동시에 추구한다.

따라서 채널 개선은 채널만 따로 분리해 고려될 수 없다. 이는 후선업무 부문과 고객통찰 부문의 고도화 및 연계를 통해 이루어져야 하며, 채널 개선을 위한 작업은 금융기관마다 주어진 환경 및 내부 역량의 차이에 따라 각기 다르게 구현되어야 할 것이다.

최근 금융시장 환경은 고객기반 확대, 규모의 경제 달성을 위한 금융기관의 대형화 추세, 세분화된 시장영역에서의 선점을 위한 경쟁의 가속화 움직임이 지속되고 있으며, 금융업 간 장벽완화에 따른 고객중심의 원스톱 금융서비스 제공으로 변화하고 있다.

이렇듯 국내 금융환경이 변화함에 따라 고객자산의 중요성이 부각되고 있으며, 향후 금융기관의 경쟁력은 고객관리 역량에 따라 좌우될 것이다. 고객중심의 경영체제를 구축해 효과적으로 고객을 관리하는 것은 금융기관의 생존 및 성장을 위한 선택이 아닌 필수 조건이다.

고객중심 경영체제로의 변화란 단순히 영업방식만을 변화시키는 것이 아니라 '고객중심 문화'를 전체 조직에 체득시키는 것이다. 전략수립의 기초 단계에서부터 고객관점에서 영업을 수행할 수 있는 구체적인 조직 재구성, 프로세스의 설계, 기술기반을 통해 실질적인 성과를 극대화하는 과정이다. 효과적인 고객중심의 경영체제 구축을 위해서는 다음 사항이 반드시 고려되어야 한다.

첫째, 고객중심의 경영체제 구축은 단기간에 이루어지는 것이 아니므로 장기적으로 달성하고자 하는 목표와 로드맵을 가지고 꾸준히 전개되어야 한다. 즉 앞으로 2~3년 동안 어떠한 투자를 할 것이며, 이를 통해 추구하는 변화는 무엇이고, 달성하고자 하는 성과는 무엇인지에 대한 명확한 계획을 수립해야 한다. 6개월 또는 1년 내에는 모든 체계를 구축할 수 없으며 금융기관의 자원 또한 제한되어 있다. 따라서 금융기관이 처한 환경과 각자의 역량에 따라 어떤 활동을 우선적으로 수행할 것인지, 그리고 언제, 어떤 활동을 전개할 것인지에 대한 종합적·전체적인 그림을 가지고 있어야 한다. 특히 고객중심의 경영체제 구축을 위한 IT 투자의 경우, 투자를 통해 달성하고자 하는 성과에 대한 명확한 인식을 가지고 있어야 한다.

예를 들어 콜센터 개선활동 전개를 위해 50억 원의 투자가 필요하다고 하면, 이는 전체적인 고객중심 경영체제 구축의 관점에서 어떤 효과를 추구하는 것이며, 지금 시점이 가장 적절한 것인지에 대한 냉정한 평가가 이루어져야 한다. 막연한 효과를 기대하며 활동을 전개할 경우 투자 금액을 낭비할 가능성이 높으므로 명확한 사업목표 달성을 위해 실현 가능한 활동을 전개해야 한다.

둘째, CRM 수행은 마케팅 또는 IT 부서 등 특정 부서에 국한된 활동이 아니다. 고객과 관련되지 않은 부서는 없다고 해도 과언이 아니며, 부서 간 유기적인 협업과 커뮤니케이션이 성공적인 변화를 위해서는 필수적이다. 다시 말해 효과적인 고객중심 경영의 추진을 위해서는 전사적인 고객중심 문화가 형성되어야 한다. 이를 위해 최고경영진의 적극적인 지원과 고객중심 경영을 지원할 수 있는 성과평가 체계 및 조직 재구성이 필요하다.

우수고객 또는 목표고객에 대한 정의 및 규모에 대해서는 전직원이 공유하고 있어야 하며, 최고경영자 및 부서평가에는 단순한 매출 증대뿐 아니라 금융기관에게 도움이 되는 높은 수익을 장기적으로 가져다 줄 수 있는 우수고객의 확보·유지·개발에 얼마나 기여했는지도 포함되어야 한다. 그뿐 아니라 마케팅 또는 IT 부서 등 단일 부서를 중심으로 이 같은 CRM이 추진될 경우, 일개 부서 차원에서는 기존 관행과의 차이에서 오는 반발 등에 효과적으로 대응할 수 없다. 고객만족 극대화와 전사 전략 및 비전 등을 고려할 때 최고경영자의 관심과 지원은 고객중심 경영으로의 변화 달성을 위해서는 필수적이라 하겠다.

고객중심의 경영 달성에는 지속적인 평가와 개선이 필요하다. 고객중심 경영으로의 변화는 단기간의 활동이 아니며, 안 되면 포기해야 하는 활동 또한 아니다. 목표와 로드맵을 수립했고, 로드맵에 따라 활동을 전개하면서 처음에 추구하던 지향점과 차이를 보일 경우에는 원인을 파악·개선할 수 있는 체계가 구축되어야 효과적인 대응이 가능하다. 분기별·반기별·연도별로 어떤 목표가, 어떻게 달성되고 있는지 모니터링을 통한 대응활동이 전개되어야 한다.

국내 금융기관들이 국제 수준의 금융회사로 거듭나고 급변하는 경영환경에 적절히 대응하기 위해서는 고객중심의 경영이념을 기반

으로 영업체제를 전환해 일관된 시스템을 구축하고 교차판매, 이탈
방지 등의 실행방안을 개발 · 실천함으로써 궁극적인 수익성 향상
노력이 지속되어야 한다. 금융산업의 대형화 및 금융 서비스의 통합
화, 그리고 규제환경의 변화는 소수의 대형 금융기관이 시장을 선도
해 나가는 구도로 진행되고 있으며, 고객관리 역량 제고, 규모의 경
제 달성, 건전성 및 내부 경영 효율성 확보가 주요 경쟁요소가 되고
있음을 국내 금융기관들은 명심해야 한다.

가치중심 경영을 위한 전사적 통합 경영관리 체계

4

통합 경영관리 체계가 도입되면 기존의 업무가치 체계 및 방식이 변경되어야 한다. 성과평가 척도 등 평가방법론이 변경되면 업무 수행자들의 업무 수행방식 또한 바뀌게 된다. 이들 변화는 조직원들의 저항에 직면할 가능성이 높다. 따라서 통합 경영관리를 도입하기 위한 프로젝트를 수행할 때 변화관리가 매우 중요한 과제로 떠오른다.

1. 현행 체계

금융산업은 그 속성상 다른 산업보다 업무 수행을 위해 필요한 시스템 인프라가 더 많은 편이다. 기본적으로 필요한 거래 처리계 시스템(또는 계정계·사무계 등으로 불리기도 함)뿐 아니라 CRM 시스템, 재무회계 시스템, 관리회계 시스템, treasury 시스템, EIS 시스템, 위험관리 시스템 등도 요구된다. 다양한 시스템 인프라 중에서 경영관리 시스템의 범주로 분류되는 것은 재무회계·관리회계·SEM(strategic enterprise management) 등이며 넓게는 ALM·RAPM 등도 포함시킬 수 있을 것이다.

현재 금융기관의 경영관리 시스템들은 각 세부 시스템, 즉 재무회계·관리회계·ALM 등 시스템에서 산출되는 정보가 서로 일치하지 않으며, 또한 그 불일치의 원인을 파악하기 어려운 경우가 비일비재하다. 그 주요 원인은 금융기관의 경우 원천 데이터의 양이 엄청나게 크고 관련 시스템들이 분산되어 있다는 것이다. 따라서 최종적으로 만들어진 보고서의 정확성에 대한 의문이 제기된다. 또한 경영관리 업무를 지원하는 시스템들이 낙후되어 보고서 작성이 수작업으로 진행되는 경우가 많아 오류 가능성이 매우 높다. 아울러 대량의 거래처리 데이터, 고객정보 데이터 등을 필요로 하는 고객별 수익성 정보 등 실질적으로 영업활동에 필요한 분석적인 정보가 산출되지 않는 경우가 많다. 모두가 공감할 수 있는 객관적인 성과평가 정보가 산출되지 않는다는 문제점도 제기된다. 또 경영계획과 성과측정이 따로 이루어짐에 따라 두 수치 간 비교 가능성이 떨어지고 있다. 이는 물론 성과평가 및 경영계획 업무 프로세스의 문제점에서도 기인하지만 정확한 정보를 산출하는 인프라 시스템 체계가 미비한 것에 기인하는 측면이 강하다.

이들 사항을 정리하면, 금융기관 경영자들은 개별 시스템마다 산출되는 보고서가 서로 다른 값을 나타내고 있으며 계획(plan) → 업무 진행(do) → 성과 측정(see)의 경영과정이 유기적으로 연결되어 있지 않은 점에 대해 강한 불만을 가지고 있다. 보고서의 값들이 서로 다르게 나타나는 예로 재무회계 업무보고서(총계정 원장을 통해 산출되는 전사 차원의 손익)와 관리회계 업무보고서(다양한 배부 작업 후에 산출되는 단위 조직 손익의 합)가 서로 일치하지 않는 경우를 들 수 있다. 또한 위험관리 시스템에서 산출되는 데이터와 재무회계 시스템에서 산출되는 데이터가 일치하지 않는 경우도 많다. 상세 수준(고객 수준·계좌 수준 등)에서 정보를 산출하는 관리회계와 위험관리 시스템의 값이 재무회계 시스템의 값과 당연히 일치해야 하나, 실제로는 커다란 차이를 보이는 경우가 빈번하다. 금융기관 경영자 및 관리자들은 정보의 불일치로 인해 의사결정에 곤란을 겪을 수 있다. 예를 들어 수익성 위주의 영업활동을 독려하기 위해 향후 수익성 위주로 성과를 측정한다고 산하 조직에 말할 수 있으려면, 해당 수익성의 근거를 정확하게 설명할 수 있어야 한다. 그런데 이들 값이 재무회계와 맞지 않거나 그 차이에 대해 설명할 수 없다면 의사소통에 심각한 문제를 가져올 것이다.

이 같은 문제점들을 극복하고 좀더 앞선 경영을 하기 위해 선진 금융기관들이 도입하고 있는 경영관리 인프라 시스템의 기본적 사상은 '통합 경영관리 체계' 다. 통합 경영관리 체계는 경영관리 시스템의 각 구성항목들(1차적으로 재무회계 · 관리회계 · SEM 시스템)이 데이터 관점과 업무 프로세스 관점에서 통합되는 것을 의미한다. 즉 재무회계 시스템의 사용자, 관리회계 시스템의 사용자, 그리고 SEM 시스템의 사용자는 각각 서로 다른 화면 인터페이스를 통해 업무를 수행할지라도 데이터는 상호 동일하며, 밀접한 연계성을 가지고 업무 프로세스가 이루어져야 함을 말한다. 이를 통해 전사적으로 의사결정의 통일성이 제고될 수 있다.

통합 경영관리 체계를 통한 시스템 간 유기적 결합은 첫째, 데이터가 서로 연결되어 있음을 의미한다. 계획과정에서 수립한 경영계획 및 자원배분 정보는 업무진행 과정 및 성과측정 과정으로 자동적으로 정확하게 전달되어야 하며, 또한 변경이 발생한 경우 그 내역 및 근거에 대해서도 관리가 이루어져야 할 것이다. 그렇지 않을 경우 목표가 목표로서의 의미를 상실하게 된다. 두번째는 업무 프로세스상의 연결성이다. 즉 상호간에 비교되어야만 의미가 있는 자료들을 시스템적으로 자동적인 비교가 가능하도록 해주어야 한다. 이를 통해 경영관리 업무 프로세스의 단절성을 제거함으로써 빠르고 정확한 의사결정을 수립할 수 있다. 예를 들어 경영계획을 세우기 위해 지난 기간의 실적 정보를 필요로 하는 경우, 이는 의사결정자들에게 적절하고 자세하게, 그리고 자동적으로 제공되어야 한다. 이는 현재 대부분의 금융기관에서 수작업으로 이루어지고 있기 때문에 목표를 수립하는 과정에 많은 시간이 소요되고 있다. 이 같은 문제가 해결되지 않는다면 결국 시간의 손실, 정확성의 손실 등이 우려된다.

통합 경영관리 체계의 필요성을 느끼고 있는 금융기관은 많은 편이지만, 실제 이를 적극적으로 구현한 금융기관은 많지 않다. 이는 통합 경영관리가 후선업무와 관련된 문제라는 데 그 원인이 있다고 보여진다. 후선업무는 영업을 전담하는 일선 업무처럼 기업 생존에 필수불가결한 사안은 아니다. 이에 따라 필요성을 인식하더라도 당장 급한 것부터 먼저 하자는 생각에 따라 통합 경영관리를 시작하지 않는 것으로 파악된다. 통합 경영관리 개념으로 관리회계 시스템을 도입하기 시작한 곳은 은행권이라고 할 수 있다.

이들 은행은 IMF 구제금융 이후 감독기관의 권유로 시스템을 도입하기 시작한 면이 있다. 또 다른 측면에서 보면 통합 경영관리 시스템 등은 그 효과가 즉각적으로 나타나지 않기 때문이라고 볼 수 있다. 계정계 시스템이나 CRM 시스템 등은 바로 일선영업 담당자나 고객으로부터 반응을 얻을 수 있지만, 경영관리 시스템은 경영관리를 하는 사람을 돕기 위한 것이기 때문에 그 효과가 눈으로 확인되기 어려울 것이다. 비용문제도 만만치 않은 이슈다. 몇십억 이상 비용이 소요되기 때문에 쉽게 결정을 내리기 어려울 것이다. 그러나 이미 많은 선진 금융기관들이 통합 경영관리 시스템을 도입했다는 점을 주목할 필요가 있다. 예를 들어 활동기준 원가관리(activity-based costing : ABC)의 경우 선진 금융기관에서는 1990년대 이전에 유행하던 토픽(topic)이다. 반면에 우리나라는 은행권을 중심으로 1990년대 후반에 도입되기 시작했고 기타 금융권은 2000년 이후 검토하기 시작했다. 개방화·국제화되는 금융환경 하에서 국내 금융기관들이 경쟁우위를 확보하기 위해서는 선진화된 경영 인프라를 도입하는 데 주저해서는 안 될 것이다. 다만, 어떻게 하면 비용을 최소화하면서 효과를 극대화시킬 수 있는지가 중요한 이슈가 될 뿐이다.

통합 경영관리란 경영 수단(tool)을 제공하는 것이다. 비유를 들자면, 학생에게 전자계산기를 제공하는 것과 같은 이치다. 전자계산기를 사용하는 학생과 암산을 하는 학생을 비교할 때 암산을 하는 학생이 더 잘 할 수도 있겠지만, 암산에 필요한 노력을 다른 공부에 투여하는 기회를 놓치게 된다. 전자계산기를 사용하는 학생의 능률이 더 높겠지만, 이 경우에도 전자계산기의 적절한 사용을 전제로 한다.

2. 신조류 : 통합된 가치중심의 경영관리

현재 금융기관의 경영관리에서 이슈가 되는 사항은 비단 통합성 부족뿐만이 아니다. 많은 국내 금융기관들의 경영관리 주제가 '외형중심' 단계에 머물러 있다. IMF 구제금융 이후 많은 금융기관들이 수익성 위주의 영업활동을 표방하면서 '이익중심' 단계로 진화하고 있지만, 아직까지 그 완성도는 미흡한 수준이라고 할 수 있다. 선진 금융기관들이 현재 적용하고 있고, 또한 국내 선도금융기관들이 궁극적으로 추구하고 있는 바는 '가치중심' 단계의 경영관리 체계다.

현대 경영관리 흐름에 따르면, 선진 경영관리란 기업 가치를 중심으로 한 체계(value-based management : VBM)를 의미한다. 이는 기업 가치 극대화를 경영의 최우선 목표로 삼아, 리스크를 반영한 가치 기준에 따라 사업전략, 목표 설정, 성과평가, 보상이 이루어지는 경영방식을 말한다. 경영관리 체계는 외형중심에서 이익중심으로, 다시 이익중심에서 가치중심으로 발전한다. 여기서 경영관리 체계의 변화란 기업의 변화를 가속화시키기 위한 의사결정 기준 및 방식과 제반 인프라의 변화를 의미한다.

의사결정 기준 변화는 '계획 → 업무진행 → 성과측정' 이라는 경영의 순환고리상에서 주요 기준을 변경함으로써 전체 조직의 의사결정 패러다임을 변화시키는 것을 의미한다. 즉 가치중심의 경영관리 체계에서는 회계적 이익뿐만 아니라 자본과 리스크를 고려한 가치 극대화로 의사결정 기준이 바뀌게 된다. 의사결정 방식의 변화는 전략수립, 목표 설정, 자원배분, 경영계획, 성과측정 및 평가보상 등 경영활동의 모든 판단기준이 가치를 중심으로 정렬되고 유기적으로 이루어질 수 있도록 하는 것이다. 예를 들면, 전사 경영성과의 분석 시각을 개별계정에서 조직단위로 변화시키거나, 경영의 순환고리가 경영목표와 성과지표(key performance indicator : KPI)를 중심으로 움직이게 하는 것들이다. 그러나 아무리 정확한 정보라도 필요한 시점에 제공되지 않으면, 정보로서의 활용가치를 상실하고 만다. 새로운 인프라의 구축은 필요로 하는 정보를 적시에 신속하게 생성함으로써 경영관리 속도를 향상시킨다.

가치중심 경영에서는 각 책임조직이 얼마의 가치를 창출해야 하는지를 먼저 결정하고, 책임단위별로 자신의 목표를 달성하기 위해 어떠한 일을 해야 하는지를 조정 · 결정하는 톱다운(top-down) 방식이 적용된다. 또한 합의된 성과지표와 그 목표치로만 행동방향이 제시되기 때문에 자율 · 경쟁원리에 의해 적극적 · 창의적인 혁신이 추진될 수 있다. 조직 내 성과중심주의 문화가 도입되어 이익 및 가치에 기준한 책임단위별 분석 · 평가가 강화된다. 이에 따라 전사 및 책임단위의 월 단위 성과보고 및 분석이 경영회의의 주요 의제가 된다.

가치중심 경영관리 체계를 구현하기 위해 필요한 구성요소에 대해서는 제2절에서 설명할 것이다. 여기서 강조하고 싶은 사항은 가치중심 경영관리 체계는 통합된 구조 위에서 완성되어야 한다는 것이다. 가치중심 경영관리 체계와 관련업무 체계 들은 그 수가 매우 많으며, 하나하나가 수행하기 어려운 과제다. 가치중심 경영관리 체계에 대한 청사진 없이 구성요소 각각에 대해 개별적 접근방식을 취할 경우, 또다시 통합을 위해 엄청난 노력을 기울일 가능성이 있다. 국내의 많은 금융기관들이 이들 구성요소를 개별적으로 필요에 따라 구현한 적이 많았다. 일부 금융기관의 경우 이들 요소를 대부분 갖추고 있다. 그리고 개별 업무별로 살펴볼 경우 우수한 수준의 시

표 4-1 금융기관 경영관리 관점의 진화 단계

의사결정 기준		외형중심	이익중심	가치중심
		전사 이익 및 조직별 물량	조직별 이익중심	조직별 가치중심
의사결정방식	경영계획 및 자원배분 (plan)	• 물량중심 bottom-up 방식	• 이익중심 톱다운	• 가치중심(Value Driver/KPI) 톱다운
	성과측정 및 모니터링 (see)	• revenue/cost 방식 • 물량분석	• 이익분석(조직/상품/고객)	• 가치분석(Value Driver/KPI) • risk 분석
	평가/보상 (reward)	• 외형 성장성 중심 보상	• 이익성과 중심 보상	• 가치 및 KPI 성과중심 보상
인프라	(재무)보고	• 외부 재무보고 중심 • 재무정보에 대한 요구가 낮음	• 내부 재무성과보고 중심 • 신속한 정보요구 증대	• Value · KPI 중심 경영보고 • 신속한 정보요구 증대
	거래처리	• GAAP 정합성 • 외형성장/원가절감 추진활동	• 경영정보의 신속성/통합성 • 이익개선 활동	• 가치창출 중심 활동
	시스템	• 기존 시스템	• ERP	• SEM · ERMS(RAPM)

스템을 구현한 사례가 발견된다. 하지만 전체적인 통합성의 결여로 인해 앞절에서 소개한 것과 같은 문제점을 보이고 있다.

금융기관 경영관리의 주제는 통합된 가치중심의 경영관리(integrated value-based management)가 되어야 한다. '가치중심 경영을 위한 인프라가 유기적 통합성을 가지고 구현된 모습'은 현대 선진 금융기관의 경영관리 조류이며, IBM BCS가 제공하는 금융기관 경영관리 컨설팅의 핵심사상이라고 볼 수 있다.

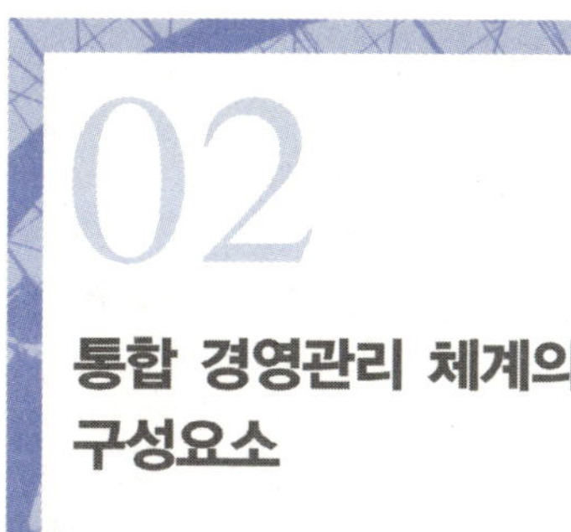

1. 통합 경영관리 체계 아키텍처

1-1 기본 구도

통합 경영관리 체계를 구성하는 요소들을 그루핑해 보면 '책임경영체계 정착을 위한 SEM 시스템', '전략적 의사결정 지원을 위한 관리회계 시스템', 그리고 '재무정보의 통합화·신속화를 위한 재무회계 시스템' 등으로 나눌 수 있다. 여기에서 '시스템'이란 물리적 IT 시스템뿐 아니라 비즈니스 법칙까지를 포함한다. 재무회계·관리회계·SEM 시스템 각각에 대한 상세한 설명 및 세부 요소별 이해는 뒤에서 좀더 자세하게 다루고자 하며, 여기서는 간단한 개념만을 제시하고자 한다.

SEM 시스템의 기본적 기능은 합리적이고 자동화된 '경영계획 수

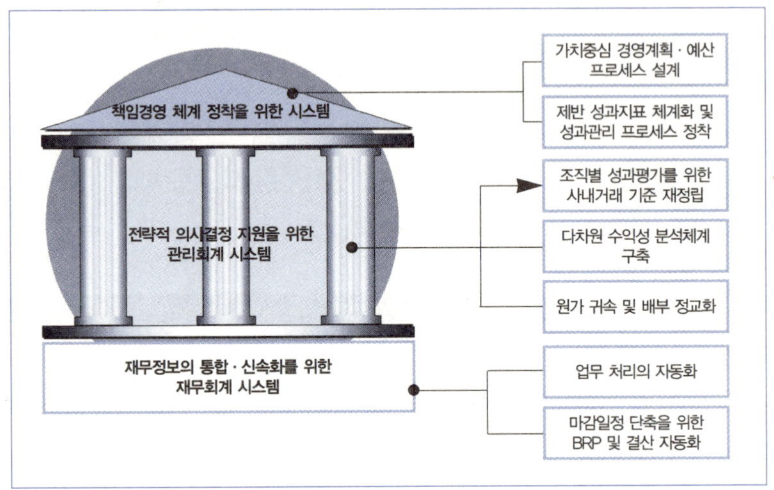

립 및 자원배분'계획과 연계된 공정한 '성과관리'다. 부가적으로 경영자가 기업 내·외부 정보를 쉽고 정확하게 접할 수 있도록 지원하는 경영정보 시스템(EIS)으로서의 성격도 가지고 있다.

관리회계 시스템은 ABC·FTP·STP 등 다양한 경영관리 기법을 적용해 원가관리를 정교화하고 다양한 수익성 분석 정보를 제공하는 한편, 공정한 사내 대체거래 가격제도를 적용케 한다. 관리회계 시스템의 정보는 기업의 전략적 의사결정을 지원하기 위한 것이다. 여기에는 공정한 성과평가를 위한 조직 레벨의 실적 정보, 위험조정 성과측정을 위한 손익정보, CRM을 위한 고객 단위의 수익성 정보 등이 있다.

재무회계 시스템은 제도·프로세스·시스템 개선을 기반으로 재무정보의 적시성과 회계업무의 효율성을 제고하며, 재무정보의 통합성 확립을 목표로 한다.

1-2 통합 경영관리 체계의 기대효과

통합 경영관리 체계는 전사적으로 의사결정의 통일성을 제고한다. 예를 들어 SEM 시스템의 구성요소인 균형성과표(balanced score card : BSC)와 관리회계의 연계성을 살펴보자. 여러 금융기관이 공통적으로 사용하고 있는 KPI로서 손익정보가 있다. 손익정보는 관리회계 시스템에서 제공되는데, BSC상의 조직 단위와 관리회계상의 조직단위가 일치하지 않는다면 객관적인 정보를 만들기가 어렵다. 관리회계상의 원가배부 원칙이 성과관리의 기본 원칙과 동일한 것이라야 성과관리 체계의 일관성이 확보될 것이다. 또 다른 예로 위험조정성과측정(risk-adjusted performance management : RAPM)을 들 수 있다. RAPM을 구현하기 위해서는 분자 요소인 손익정보와 분모 요소인 위험자본 정보를 산출해야 한다.

손익정보는 관리회계 시스템에서, 위험자본 정보는 위험관리 시스템에서 산출된다. 따라서 업무적으로 유의미한 RAPM 값이 산출되려면 관리회계 시스템과 위험관리 시스템이 서로 공통된 모수(parameter)를 사용해야 한다.

통합 경영관리 체계의 도입 효과는 경영관리 업무의 특성상 구체적인 수치로 표현하기 어렵다. 일반적으로 경영관리 시스템의 효과는 1) 업무 프로세스의 자동화를 의미하기 때문에 사용자의 편의성이 제고되고, 보고서 작성기일이 크게 단축되는 점, 2) 책임경영 체제 확립 및 원가절감을 위한 기본정보 확보, 3) 새로운 경영관리 정보의 획득 등을 들 수 있다.

● 업무 프로세스의 자동화

통합 경영관리 체계는 원칙적으로 물리적인 시스템에 기반한다. 따라서 이의 구축은 관리업무의 자동화를 의미한다. 재무회계는 단순 프로세싱 성격의 업무를 상당 부분 포함하고 있어 사용자의 편의성이 크게 제고될 수 있다. 과거 많은 시간을 들여 작성되었던 보고서가 통합 경영관리로 간단히 산출될 수 있으며, 기존에 가지지 못했던 정보들을 시의적절하게 확보할 수 있게 된다.

● 책임경영 체제의 확립 및 원가절감 정보 확보

회계적으로 볼 때 책임경영이란, 기업을 구성하는 개별 사업단위가 자기 영역의 이익을 책임지도록 하는 것이다. 이는 적절하고 합리적인 방법으로 목표가 부여되고, 또 객관적·과학적인 방법으로 실적이 측정됨을 전제로 삼아야 한다. 통합 경영관리 체계는 조직 관점에서 볼 때 책임경영 체계를 구현하기 위한 수단이다.

책임경영의 연장선상에서 볼 때, 개별 사업단위는 자신에게 귀속되는 원가에 대해 책임을 져야 한다. 이 원가에는 자신의 직접비뿐 아니라 간접비도 포함된다. 간접비의 배부는 관리회계 시스템을 통해 합리적으로 이루어져야 하며, 이 때 사업단위가 통제 가능한 수준에서 원가를 배분하는지 확인하는 작업이 필요하다. 관리회계 시스템은 PI(process innovation)와 밀접한 관련이 있다. 원가 구분 및 책임이 적절하게 이루어질 경우 구체적인 원가절감 방안이 확보된다. 관리회계 시스템을 통해 산출되는 프로세스별 원가정보를 통해 원가구조의 문제점을 파악하고, 이는 PI를 통해 교정할 수 있다. PI를 통해 교정된 프로세스는 또다시 관리회계에 따라 그 효과를 산출할 수 있다.

● 새로운 경영관리 정보 확보

대부분의 금융기관에서는 조직 및 상품 수준에서 수익성관련 보고서를 작성하고 있다. 하지만 대규모 데이터 처리 부담, 손익 측정 방법론 부재 등으로 인해 고객별 수익성 정보는 제대로 나타나지 않는다. 고객별 수익성 정보는 고객(군)의 이익 기여도를 파악하고, 수익 기여도가 높은 고객에게 마케팅 자원을 집중시키는 CRM 전략 추진에 필요하다. 그나마 은행권에서는 관리회계 프로젝트를 수행하면서 고객별 수익성 정보가 산출되고 있으나, 보험 및 증권 쪽은 상대적으로 미약한 편이다.

2. SEM(strategic enterprise management)

SEM은 통상 전략적 기업관리 또는 전략 경영관리라고 불린다. SEM은 기업가치 극대화 달성을 위해 전사 차원의 전략을 개발하고, 이를 예산 및 운영계획과 연계시키며, 성과지표를 설계·제시한다. 또한 경영성과를 지속적인 모니터링을 통해 점검하고, 주기적으로 측정·분석·보고함으로써 성과 개선의 기회를 모색한다.

SEM 시스템의 구성요소에 대해서는 다소 이견이 있는데, 여기에서는 전체적인 흐름을 고려해 경영계획(그리고 자원배분)과 균형 성과 관리만을 대상으로 논의한다.

경영계획(business planning and budgeting) 시스템은 전략적 대안의 시뮬레이션을 통해 전사 목표수립 및 부문별 자원할당과 예산편성, 성과목표 연결 작업을 수행한다. 그리고 주기별로 특정 시점에서의 경영계획을 시스템으로 구현한다. 균형 성과관리 시스템은 전략과 연계된 성과측정 지표를 개발하고, 성과 측정 및 모니터링으로 성과에 대한 피드백을 제공하며, 향후 전략수립 및 성과목표 재설정을 수행하는 데 그 목적이 있다.

이러한 경영계획 및 균형 성과관리 시스템을 폭넓게는 경영자정보 시스템(executive information system)의 한 부분이라고 할 수 있을 것이다.

SEM은 가치중심 경영(value-based management) 사상에 기반을 두고 관련 핵심 프로세스를 체계적으로 확립해야 한다. 즉 기업의 가치 동인을 철저히 분석해 경영활동을 계획·실행함으로써 모든 경영활동이 가치창출에 기여할 수 있도록 유도해야 한다.

〈그림 4-2〉는 경영계획과 균형 성과관리 간 유기적 통합관계를 보여주고 있다. 경영계획과 균형 성과관리의 출발점은 기업전략이다. 기업의 비전·전략에 부합하는 가치가 무엇인지 정의되면, 이 가치에 근거해 가치동인 트리(value driver tree)가 도출된다. 이에 따라 톱다운 방식의 경영계획과 성과지표가 만들어진다. 이들 작업은 방대한 데이터와 많은 계산을 통해 수행되므로, 수작업보다는 정교한 시스템을 활용하는 방안이 바람직하다.

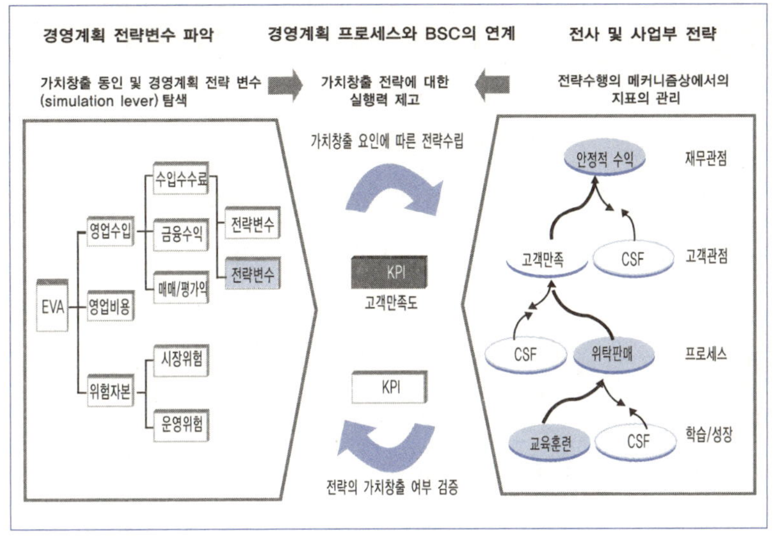

2-1 경영계획

대부분의 금융기관에서는 상당 부분 회계정보 보고서를 수작업으로 작성하고 있다. 따라서 시의적절하고 정확한 분석정보를 확보하기 어려운 실정이다. 통합 경영관리 시스템을 구현하게 되면, 보고서 작성 관련업무의 자동화가 이루어지기 때문에 인력 절감 및 보고서의 정확성이 제고되는 효과를 기대할 수 있다. 특히 경영계획 업무가 자동화되면 더 쉽게, 더 빠르게, 더 정확하게 경영계획을 수립할 수 있다. 현재 연 1회 또는 2회 정도 전사 경영계획을 수립하고 있지만, 자동화 시스템의 도입은 분기별 경영계획 수립을 가능케 한다. 또한, 연초에 만들어진 경영계획이 연말까지 일관성 있게 추진될 수 있다. 미국형 프라이빗 뱅킹의 성공은 뱅커의 주관적 판단을 배제하고 객관적이고 정확도가 높은 엔진 툴을 이용, 고객으로 하여금 최적의 포트폴리오를 구성할 수 있도록 조언하는 데 있다. 자동화된 경영계획 시스템이 도입되면, 지금과 같이 잦은 목표치의 하향 수정 행태는 시정될 수 있을 것이다.

가치중심의 경영체계 하에서 경영계획은 각 사업부에게 도전적인 목표를 제시하고, 사업부의 성과가 전사 차원의 가치로 연결되게끔 통일된 방향성을 보여주어야 한다. 이는 가치중심의 톱다운 방식에 의한 의사결정 체계를 의미한다. 경영진은 시뮬레이션 모델을 활용해 최적의 전략적 대안과 가이드라인을 도출해야 한다. 전사전략이 마련되면 위험자본을 고려한 사업부별 경제적 부가가치(economic value added : EVA) 목표가 할당된다. 각 사업부는 가치목표 및 가이드라인에 따라 실행전략 및 운영계획을 수립한다.

경영계획 수립 단계에서는 위험자본에 근거한 전사적 중장기 가치 목표의 설정이 이루어지고, 이를 달성하기 위한 사업부별 가치 · 손익 목표가 설정되어야 한다. 또한 시뮬레이션 레버(lever)로 사용되는 전략 변수와 BSC 지표의 연계를 통해 가치 목표에 따른 전사 · 사업부별 성과목표 설정이 이루어져야 한다. 경영계획상의 가치 및 성과목표 설정은 DBM(dynamic business model) 등과 같은 시뮬레이션이 활용된다. 〈그림 4-3〉에서 보는 것처럼, DBM의 핵심은 기업의 경영환경을 잘 설명하는 시뮬레이션 모형과 대용량의 데이터를 신속하게 계산해 결과를 산출할 수 있는 기능이라 할 수 있다. 이러한 업무를 지원하는 패키지로는 Vensim이나 Powersim 등을 들 수 있다. IBM BCS는 국내 최초로 시뮬레이션 모형을 금융기관에 적용하

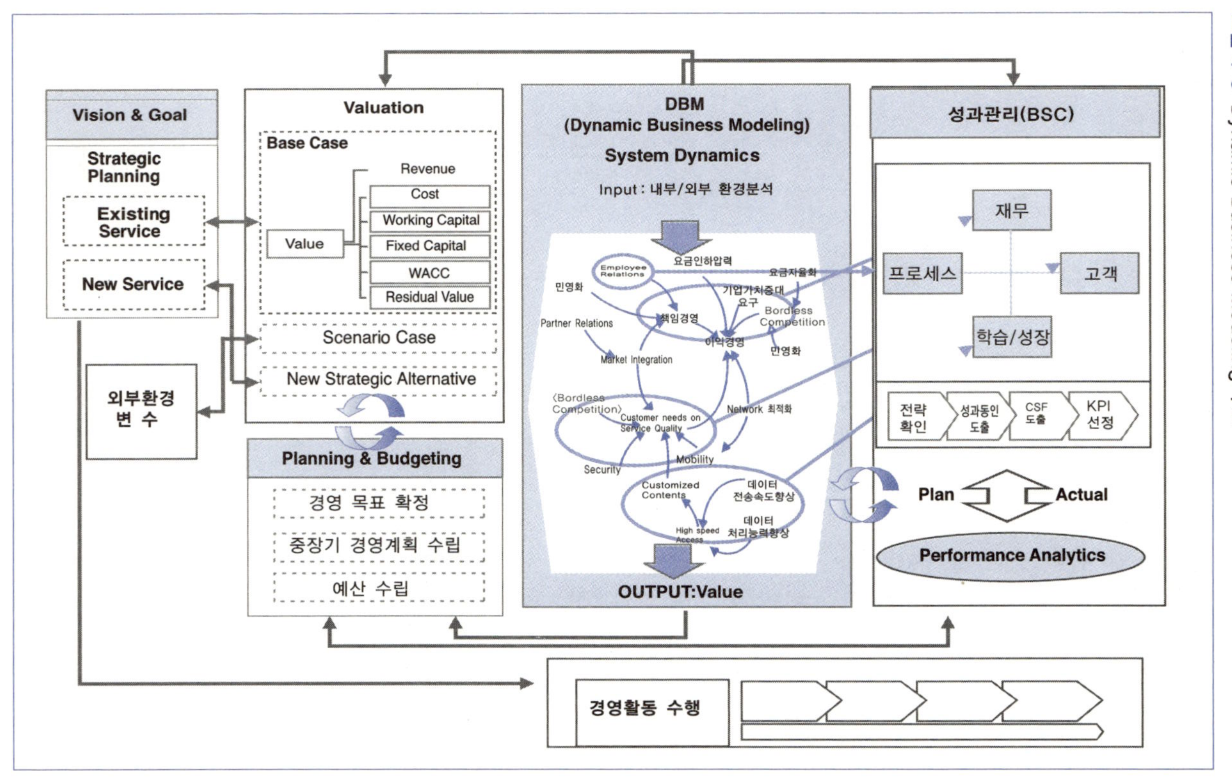

Vision & Goal
Strategic Planning
Existing Service
New Service
외부환경 변수
Valuation
Base Case
Revenue
Cost
Working Capital
Fixed Capital
WACC
Residual Value
Value
Scenario Case
New Strategic Alternative
Planning & Budgeting
경영 목표 확정
중장기 경영계획 수립
예산 수립
DBM (Dynamic Business Modeling)
System Dynamics
Input : 내부/외부 환경분석
Employee Relations
요금인하압력
요금자율화
민영화
기업가차증대 요구
Bordless Competition
책임경영
이익경영
만영화
Partner Relations
Market Integration
〈Bordless Competition〉
Customer needs on Service Quality
Network 최적화
Security
Mobility
Customized Contents
데이터 전송속도향상
데이터 처리능력향상
High speed Access
OUTPUT:Value
성과관리(BSC)
재무
프로세스
고객
학습/성장
전략 확인
성과동인 도출
CSF 도출
KPI 선정
Plan
Actual
Performance Analytics
경영활동 수행

는 컨설팅을 성공적으로 수행한 바 있다.

경영계획과 아울러 중요한 것은 자원배분(budgeting)이다. 자원배분의 핵심은 예산편성이라고 할 수 있는데, 조직별 성과에 연동된 예산체계를 가져가는 것이 필요하다. 성과에 연동된 예산편성이란 경영자원 배분시 집행되는 비용의 효율성 측면과 내부역량 강화를 위해 투자하는 비용의 효과성 측면을 모두 고려함을 의미한다. 이를 통해 전사적 비용구조의 질적 고도화가 달성될 수 있다.

2-2 성과관리

성과관리의 핵심은 성과측정 및 관리를 전략과 연계시키는 데 있다. 효과적인 성과지표의 개발을 위해서는 기업의 비전을 염두에 두고 전사적 차원에서 점차 하위부문으로 내려가는 cascading approach를 적용한다.

BSC는 가치동인(고객, 내부 프로세스, 학습 및 성장 시각에서의 계량화된 성과지표)의 중요성을 경영진이 항상 인식하도록 유도한다. 전통적 재무회계 모델은 과거 정보에 의존해 단기적 의사결정을 유도했다. 반면, BSC에서는 단기뿐 아니라 중장기 관점 간의 균형을 유도한다. 좋은 BSC에는 성과 결과뿐 아니라 이러한 결과를 이끌어내는 성과 동인도 잘 나타난다. 성과 동인이 있어야만 그 결과가 어떻게 달성되었는지 알 수 있기 때문이다. 많은 기업이 재무적 성과만을 선호한 나머지, 가치창출의 원동력이 되는 기업의 무형자산(인적 자산, 브랜드 이미지, 기술력)에 대한 관리를 간과하는 오류를 범하기도 한다. 어떤 기업의 사업구조가 현재 상당한 성과를 이루면서 성숙단계에 있다고 하자. 이 기업은 현재의 수익구조가 안정적이기 때문에 미래의 전략적 대비에 소홀할 수 있다. 직원들의 신규사업 진출 동기가 저하되면 신사업 기회를 잃게 되는 등 나쁜 결과가 나타날 수 있다. 비재무적 지표의 적절한 활용이 필요한 이유가 여기에 있다. 이 밖에 BSC의 개발에는 내부 성과지표와 외부 성과지표 간의 균형성도 중요하다.

성과관리에서는 도전적인 목표의 제시와 함께 이를 달성하는 방법(전략)이 직원에게 정확히 전달되어야 한다. 전략 체계도(strategy map)는 전략을 재해석하고, 이를 지표로 구체화하는 등 전략의 효율적 커뮤니케이션을 위해 필요하다. 미래 목표달성을 위한 일련의 계획이 전략이다. 따라서 전략은 조직의 행동변화와 의식변화를 요구한다. 그렇지만 대부분의 기업에서는 전략이 멋진 말로만 그치는 경우가 많으며, 전략과제를 수행하는 일부 부서의 일로 오해되기도 한다. 회사가 외형중심에서 이익중심으로, 그리고 가치중심으로 변화하고 있을 때 조직원 스스로 무엇을 어떻게 바꿔야 하는지를 인식시켜 주는 것이 성과관리의 요체라 하겠다. 전략은 목표와 이를 달성하기 위한 동인과의 인과관계로 이루어져 있다. 이러한 인과관계를 통해 자신의 행동이 기업의 가치향상에 어떠한 기여를 하는지, 자신의 성과가 다른 성과에 어떠한 영향을 미치는지 알 수 있다.

SEM 시스템 하에서의 경영회의는 더 이상 실적만 보고하는 자리가 아니다. 전략성과에 대한 피드백을 바탕으로, 기존의 전략에 내재된 인과관계를 재검토하는 전략적 학습의 장으로 활용된다. 기존의 경영회의 시스템은 CEO와 보고임원 간 일 대 일 대화를 통해 결론 또는 대응방안이 없는 정보의 보고 및 공유에 그친다. 보고문서 준비에 따른 업무량이 과다하고 다른 사업부의 이슈에 대한 이해 부족 문제가 발생된다. 그러나 BSC 중심의 경영회의체에서는 원인 분석 및 문제해결(problem solving) 중심의 다자 간 논의가 이루어진다. BSC 시스템을 중심으로 회의를 진행하기 때문에 업무가 간소화되며, 사전적으로 BSC 시스템을 통해 유관 부문의 이슈에 대한 이해가 가능해진다.

효과적인 성과관리 시스템은 경영자가 현황을 신속하게 파악하고, 문제 발생의 원인을 찾아내며 이의 개선 여부를 모니터링할 수 있도록 지원해야 한다. 경영 의사결정 지원 시스템은 정보자원의 전략적

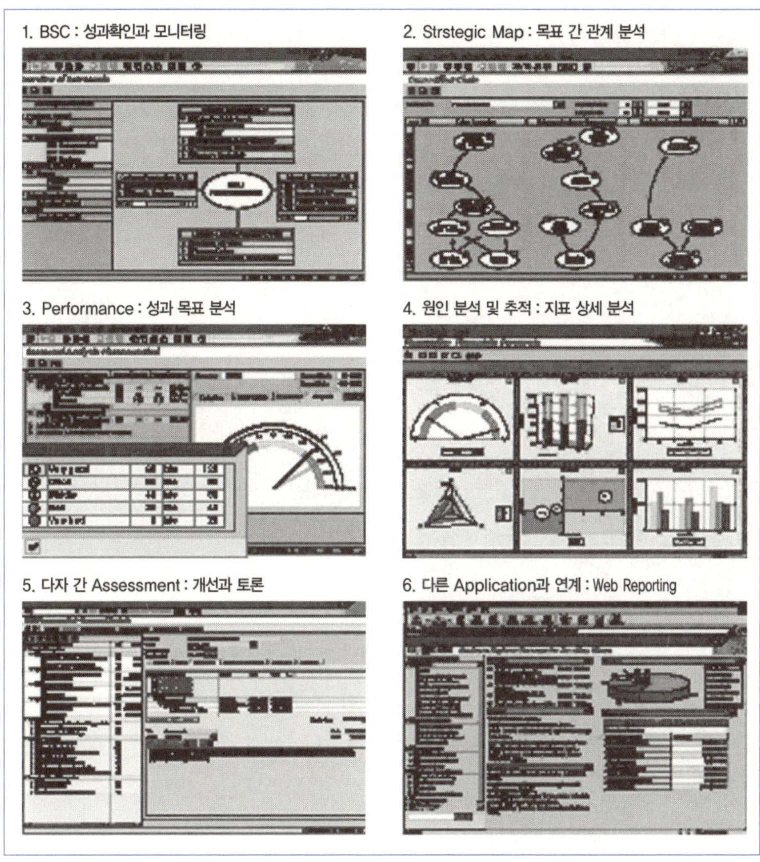

활용가치를 극대화하도록 만든다. 정보 사용자 유형별로 목적하는 정보 내용 및 형식·시기·절차 등 보고체계에 대한 사전 합의가 전제되어야 한다. 합리적인 보고체계는 사용자별로 차별화된 정보를 제공함으로써 효율적인 경영관리 자원의 활용을 유도할 수 있다.

IBM BCS는 금융기관 중 국내 최초로 BSC 개념에 입각한 성과관리 시스템을 국내 대형 은행에 구현시킨 바 있다.

3. 관리회계

금융기관의 관리회계는 업무원가 영역, 자금원가 영역, 수익성 분석 영역으로 대별된다. 업무원가는 인건비 · 물건비와 같이 기업 운영과 관련해 발생되는 경상적 · 비경상적 비용을 의미한다. 업무원가 관리에는 STP(Service Transfer Pricing)라는 기업내부 대행업무 정산제도까지 포함하고 있다. 이는 A사업부에 속한 직원이 B사업부에 속한 고객에 대한 서비스를 제공한 경우 해당 비용을 정산하는 것으로서 일종의 '사내이전가격제도'라고 할 수 있다. 자금원가는 자금의 조달 및 운용과 관련해 계산되는 기업 내부의 기회비용이다. 자금원가는 업무원가와 마찬가지로 모든 금융기관에 적용될 수 있는 개념이기는 하나, 세부 산업별로 그 비중에서는 큰 차이가 있다. 은행권의 경우 과거부터 본지점 금리 또는 FTP(Funds Transfer Pricing)라는 이름으로 중요하게 사용되어 왔으나, 증권업이나 신용카드업의 경우 그 비중이 작은 편이며 최근에야 중요한 관리회계 기법으로 떠오르고 있다.

관리회계 영역은 분석 영역 또는 의사결정 지원 영역이라고 할 수 있다. 재무회계 영역과 전략적 행동방향을 결정하게 되는 SEM 영역과는 달리, 관리회계 영역에는 분석 업무가 많이 포함된다. 특히 정형화된 보고서와 같이 의사결정자의 니즈에 부합하는 정보를 산출하는 것이 관리회계의 중요한 과제다. 정보의 흐름으로 보아 관리회계는 재무회계와 SEM의 중간에 있다. 관리회계 시스템은 재무회계(거래 처리계 포함)로부터 기본 데이터를 받는 입장이 된다. 이들 데이

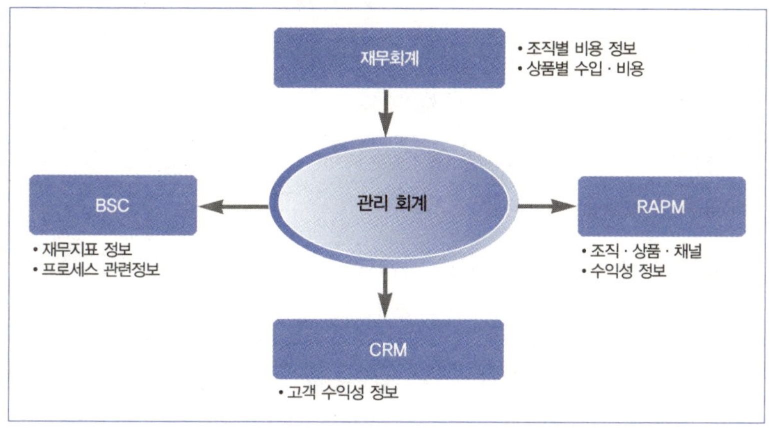

터를 통해 관리회계 요건에 따라 분석한 후 그 결과를 관리회계 자체의 보고서로 사용하기도 하며, SEM 시스템 제공하게 된다. 관리회계 시스템에서 산출된 정보는 SEM 시스템 외에도 CRM과 RAPM 시스템에 기본정보를 제공한다.

3-1 업무원가 영역

통합 가치경영 체계를 위한 업무원가의 분석 · 관리체계를 갖추기 위해서는 1) ABC 등의 선진기법 도입을 통해 원가관리 인프라를 개선하고, 2) 가능한 한 직접비 영역을 확대하며, 3) 간접비 배분을 정교화함으로써 원가관리 수준을 향상시켜야 한다.

정확한 원가 분석 및 관리는 책임소재에 따라 원가를 정확하게 귀속시키는 것에서 출발한다. 모든 비용이 직접비가 되어 발생원천별로 추적이 가능하다면 원가관리 문제는 간단해질 수 있다. 실제로는 그러한 것이 불가능하며 배부되어야 할 간접비가 발생할 수밖에 없다. 특히 서비스 산업인 금융업의 경우 그 업무의 특성상 간접비의 비중이 클 수밖에 없다. 따라서 간접비의 공정한 배분이 중요한 문제로 대두된다. 이 문제를 효율적으로 해결하기 위해서는 먼저 직접비 영역의 확대를 도모해야 하며, 그 후 선진적인 간접비 배분 방법을 적용해야 한다.

직접비 영역을 확대한다는 의미는, 조직별·상품별·채널별 등 직접 귀속이 가능한 비용에 대해서는 거래 처리계 시스템 및 재무회계 시스템의 보완을 통해 귀속 정보를 보관하게 하고, 대신 관리회계 시스템에서는 처리할 간접비의 비중을 축소한다는 것이다. 비용의 직접비화를 구현하기 위해서는 시스템 수정 비용 등의 비용을 부담해야 하는데, 비용과 수익 측면을 모두 고려해 직접비화 수준을 결정해야 한다.

원가 대상별 직접비화가 불가능한 간접비에 대해서는 ABC 도입을 통해 원가 배부의 합리성을 제고하고, 원가 산출을 정교화해야 한다. ABC는 자원을 사용하는 활동에 자원비용을 배분한 후, 이를 기준으로 원가를 계산하는 방식이다. ABC 모델의 경우 원가 관점과 프로세스 관점이라는 두 가지 접근방법이 존재한다. 두 관점에 따라 구현의 방법론이 상당 부분 달라질 수 있으므로 ABC의 적용목적을 명확하게 정의해야 한다. 원가측정 관점은 자원·활동·원가대상 간의 인과관계를 이용해 좀더 정확한 원가 귀속을 목적으로 한다. 프로세스 관점은 활동원가(activity cost)와 이를 유발시킨 원가동인(cost driver)의 분석을 통해 프로세스의 개선과 성과평가를 목적으로 한다. 금융산업의 특성상 일반 관리비 가운데 큰 비중을 차지하고 있는 IT 관련 비용에 대해서는 시스템에 대한 정확한 분석을 통해, IT 자원을 소비한 활동과 대상에 대한 인과관계의 규명이 ABC 모델 내에서 설계되어야 한다.

업무원가 분석과 관련해 운영상 나타날 수 있는 문제가 업무대행에 대한 사내이전가격제도다. 앞에서 소개한 예시와 같이, 사업부 간 교차로 발생된 업무 비용은 상호 정산하도록 함으로써 성과평가 논리를 공정하게 하고 업무협조 체제를 강화시킬 필요가 있다. 이를 위해 적용될 수 있는 방법론이 STP 제도다. STP 제도에서 적용될 사내이전가격의 기준은 ABC에서 산정하는 단위당 업무원가다. 이 단위당 업무원가에 적정 마진을 가산해 각 조직 간 상호 정산토록 하는 것이 STP 제도의 기본적 구조다. 따라서 정확하고 공정한 STP를 구현하기 위해서는 먼저 ABC 제도의 도입이 필요하다.

업무원가 분석·관리의 목표로서 여러 가지가 언급되고 있으나, 금융기관의 경영관리 부문에서 가장 절실하게 생각되는 것은 원가절감이다. ABC 등 업무원가 분석·관리 기법을 적용했다고 해서 원가절감이 저절로 이루어지지는 않는다. ABC는 원가구조를 파악하고 개선되어야 할 업무를 찾아내는 역할만 수행한다. 이의 개선 여부는 경영관리 부문에서 고민해야 하는데, PI·업무 자동화·업무 간소화 등의 기법이 적용될 수 있을 것이다.

3-2 자금원가 영역

자금원가 관리는 FTP를 통해 이루어진다. 일반적으로 FTP는 STP와 함께 사내대체가격 개념의 핵심적인 제도다. STP가 용역의 제공에 따라 발생된다면 FTP는 자금의 이전과 함께 발생된다.

　FTP는 금융기관이 자금의 조달과 운영에 대해 사전에 공정한 내부이전가격을 책정해 관련부서에 보상을 하는 관리회계 메커니즘을 말한다. FTP는 경영방침을 반영해 경영성과를 측정·관리하며 영업조직(영업점·대리점 등)으로 하여금 업무추진 전략을 수립하게 한다. FTP에 의해 자금을 이전하게 되면, 운용자산의 가격은 자금의 기회원가와 자산운용에 소요되는 업무원가를 상회하도록 결정해야 한다. 이처럼 FTP는 정확한 자금 손익을 계산하게 하며, 이를 통해 공정한 성과평가를 하는 데 기초자료가 된다. FTP는 자금 조달·운용의 수익 기여도를 분리해 상대적 효율성을 평가함으로써 자금가치와 원가분석 기능을 달성한다. 위험관리 차원에서 볼 때 FTP 제도는 자산과 부채의 가격결정을 포함한 경영자의 의사결정을 돕는다. 또한 통제가능 요소에 대해서 책임지도록 하며, 자금의 운용과 조달의 기여도를 분리하고 경영의사 결정을 목표와 일치시키는 방법을 사용해 경영평가를 강화할 수 있게 한다.

　FTP 제도의 핵심적인 사항은 사내대체거래가격 금리를 결정하는 것이다. 이 금리의 결정 논리에 따라 여러 가지의 FTP 방법론이 존재한다. 가장 선진화된 방법론은 만기대응법(matched maturity method)이다. 개별 자금이전의 거래(transaction)별로 만기를 측정하고, 해당 만기의 시장금리로 이전가격의 기준비율(base rate)을 책정하는 방법론이다. 통상 만기대응법에 따른 이전가격 금리는 이러한 기준비율에 해당 금융기관의 신용 프리미엄, 유동성 프리미엄, 적정 마진율을 가산·책정된다. 만기대응 시장금리는 조달 측면과 운

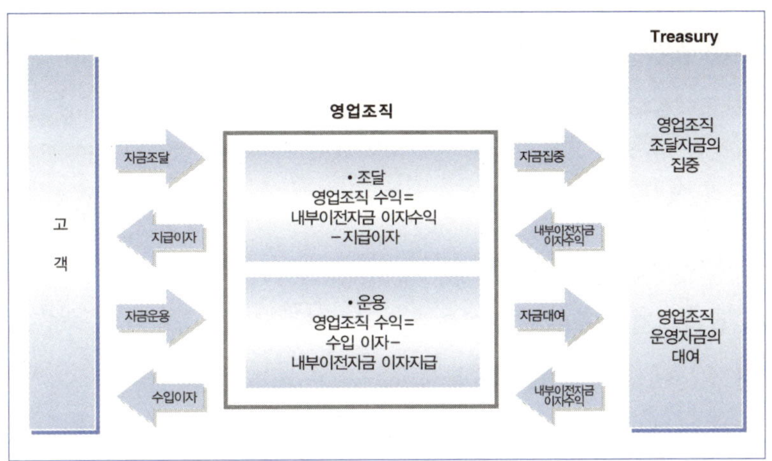

용 측면에 동일하게 적용된다. 과거 우리나라의 은행들은 조달과 운용에 대해 별개의 이전가격 금리(본지점 금리)를 적용함으로써 FTP의 기본 원칙에 어긋나게 제도를 적용해 왔다. 현재는 대부분의 은행들이 만기대응 FTP 제도를 적용함으로써 선진화된 모습을 보이고 있다.

 FTP 제도는 기본적으로 은행에 유효한 개념이다. 은행은 일반 대중고객으로부터 자금을 조달(예금 수신)하기도 하고 자금을 운용(대출)하기도 하므로, 내부이전가격제도가 자연스럽게 성립된다. 또한 조달·운용 측면의 마진율을 효과적으로 분리할 수 있다. 증권업이나 신용카드업은 주로 자금의 이동보다는 서비스 제공에 따른 수수료 위주의 영업활동을 벌이기 때문에 사실상 FTP가 개재될 필요가 별로 없다. 보험업은 조달과 운용이 비교적 분명하게 구분되므로 FTP를 적용할 소지가 많다. 다만, 조달 측면의 보험상품(수입 보험료 등)의 만기를 유효하게 측정하기 어려운 문제가 있다. 일반적으로 은행을 제외한 금융기관은 자산운용 부문의 초과 수익을 평가하기 위한 원금보장지수(hurdle rate)의 개념으로 자금원가 제도를 적용하는 경우가 많다.

3-3 수익성 분석 영역

관리회계 시스템의 구성요소 중 업무원가 및 자금원가 영역은 거래 정보에 기초해 원가를 분석하는 업무 체계다. 이에 비해 수익성 분석 영역은 앞의 두 영역에서 산출된 분석 단위별 원가정보를 기초로 수익 정보를 대응해 수익성을 산출하는 역할을 한다.

수익성 분석에서 가장 중요한 개념은 제반 요건을 만족시키는 분석 수준의 결정이다. 예를 들어 은행에서 조직별 · 상품별 · 고객별 수익성 분석 정보를 산출하고자 한다면, 조직 · 상품 · 고객의 모든 요건을 만족시켜 주는 최소 단위인 계좌 단위의 수익성 분석이 필요하다. 즉 각 계좌 단위로 〈그림 4-8〉과 같은 정보들이 산출된다. 이들 정보는 각 계좌가 속한 조직별 · 상품별 · 고객별로 합산되어 수익성 분석보고서가 산출된다.

관리회계 시스템은 금융권의 특성상 대용량의 데이터를 적시성 있게 처리할 수 있어야 한다. 이런 점을 고려할 때 기존에 구축된 사례를 통해 구현 가능 여부를 반드시 확인해야 하고, 데이터 처리 요구사항을 만족시킬 수 있도록 시스템에 대한 투자 여부도 고려해야 한다. 시스템 성능 측면과 더불어 데이터의 정확성을 제고하는 것 또한 중요한 사항 중 하나다. 즉 거래 처리계 시스템에서 생성하는

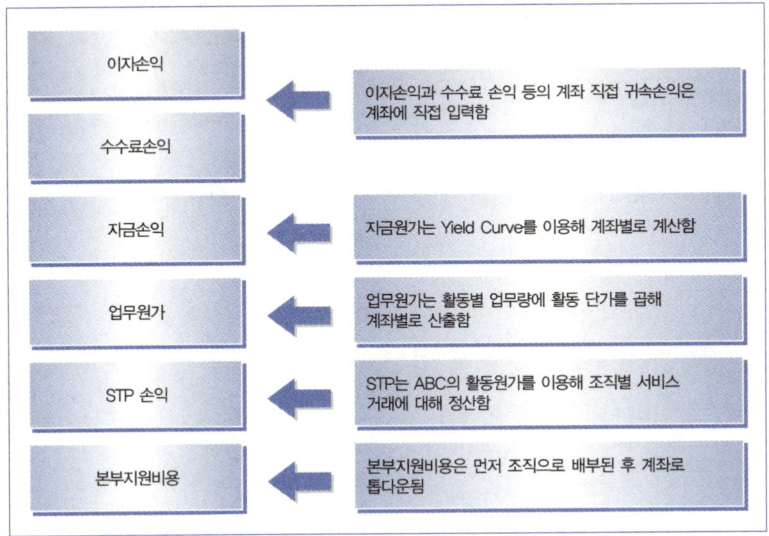

원시 데이터에 오류가 있을 경우에는 관리회계 시스템의 분석보고서들을 신뢰할 수 없다. 이 같은 점을 고려해 기존의 legacy 시스템과 관리회계 시스템과의 데이터 인터페이스 방안을 도입 전에 미리 고려해야 한다.

4. 재무회계

재무회계는 회사에서 발생하는 거래에서 회계적 정보를 취합해 회계정보를 생성시키고 보고하는 역할을 담당한다. 관리회계가 분석을 위한 정보를 산출하는 목적을 가지고 있다면, 재무회계는 원칙적으로 대외 보고용 재무제표를 만드는 것이 그 목적이다.

〈그림 4-9〉는 보험산업을 예로 들어 만든 재무회계 시스템의 구조다. 여기서 보험산업 고유의 보험영업관리와 보험계약관리 부문을 해당 산업별로 고유한 거래 처리계 내용으로 대체하면, 해당 산업별 재무회계 구조가 나타난다.

재무회계는 다른 경영관리 부문과 달리 제반 경비의 기표, 법인카드 영수증 처리, 고정자산 감가상각, 세무 기표, 펌뱅킹 이용 등 회계 기표가 발생하는 영역이다. 따라서 수작업으로 수행되고 있는 기존 업무들을 시스템을 통해 자동화해 주는 데에 큰 의미가 있다. CFO 라인에서는 결산 일정의 단축이 주요 과제 중 하나다. 재무회계 자동화 및 결산 업무 BPR는 이를 획기적으로 단축할 수 있다는

그림 4-9 재무회계 시스템 아키텍처(보험산업 예시)

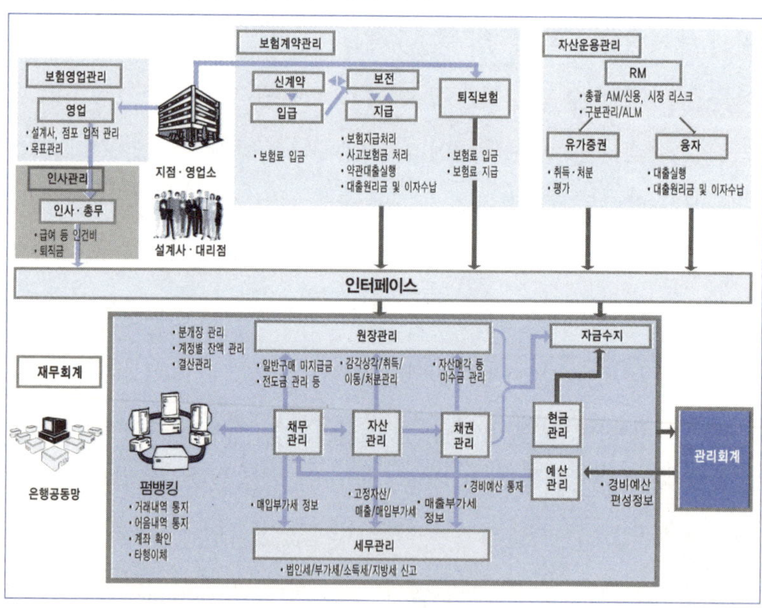

이점이 있다. 재무회계 시스템은 거래 처리계 시스템과 더불어 통합 경영관리를 위한 출발점이라 할 수 있다. 데이터의 신속하고 능률적인 집계, 집계된 데이터들의 정확성 등의 요인들이 여기서부터 결정된다. 일반적으로 금융기관 재무회계 영역에서 다루어지는 주제들은 아래와 같다.

- 원장관리 : 회계장부관리, 재무제표(대차대조표 · 손익계산서 · 평잔 B/S · 현금흐름표 등) 생성 등 회사의 회계장부와 재무보고서 생성에 관한 업무 수행
- 채권 · 채무 관리 : 경비, 법인카드 관련 채무 및 지급, 기타 채권 및 수금에 대한 업무 담당, 펌뱅킹 등을 통한 거래 처리 효율화
- 자산관리 : 자산의 취득 · 이동 · 감가상각 · 처분 등 자산에 대한 관리업무 담당
- 현금 및 자금수지 관리 : 예금시재관리, 자금수지예측 업무를 담당
- 예산관리 : 경비예산 통제, 전용 · 이관, 이월에 대한 업무 담당
- 세무관리 : 각종 세법에 의한 세무보고서의 생성, 시부인 관리 등 세무관련 업무 담당
- 마감 및 결산 : 기존 업무의 처리일정 단축
- 기타 : 재무제표 작성, 부동산 전문 관리, 전자승인, 전표관리 등

은행권은 전통적으로 재무회계 시스템 투자에 많은 노력을 기울여왔다. 그 과정에서 자체적으로 개발한 별도 시스템을 보유하게 되

었는데, 통합성은 떨어지지만 기능적으로 별 무리가 없다는 판단 하에 취해진 전략으로 보인다. 즉 흩어져 있는 데이터들을 총 계정원장에 모으는 작업은 수많은 인터페이스 프로그램을 통해 해결해 왔으며, 재무회계 시스템도 거래 처리계와 함께 legacy 시스템의 일부로 인식되었다. 은행권을 제외한 금융기관(보험 · 증권 · 신용카드 등)의 경우 재무회계 시스템이 관리회계 및 SEM 시스템과의 연장선상에서 인식되어 왔다. 통합 경영관리 차원의 시스템 구현 사례가 비은행 금융기관 중에서 발견되는 이유가 여기에 있다.

S보험사가 대표적인 경우라고 할 수 있는데, 대기업 계열사의 경우 상당 부분 진척되어 있다고 판단된다. 향후 우리나라 은행들도 통합 경영관리의 사상 하에서 재무회계 시스템을 인식하는 것이 필요하다. Bank One을 포함해 해외 선진은행들은 이러한 체계에서 경영관리 시스템을 구현했다. 선진 경영관리 체계에 대한 프레임과 제도를 잘 정비하더라도, 이를 실행하기 위한 정보제공 방법과 정합성의 확보가 없으면 선진 경영관리 체계가 적용될 수 없다.

재무회계 부문은 발생하는 모든 거래에 대한 원활한 거래 처리 및 정확한 재무정보 산출을 목적으로 하고 있다. 이는 원가관리 및 전략경영을 위한 데이터의 원천임과 동시에 전사 업무 BPR의 출발점이다. 업무 BPR는 자동화된 업무처리, 일관되고 공통적인 프로세스, 통합된 시스템, 한번의 정보 입력, 의사결정 지원을 위한 분석, 가치를 창조하는 활동에 시간 할애, 회사 전체 재무상황 및 각종 현황에 대한 실시간 파악 등을 가능케 한다. 정확하고 유용한 재무정보가 사내외 이해관계자에게 적시에 제공될 수 있는 것은 그만큼 업무 프로세스가 선진화되어 있다는 척도다. 벤치마킹 등으로 제도·프로세스·시스템 등의 비효율을 제거함으로써 새로운 경영관리 인프라를 구축하는 것이 업무 BPR의 목적이라고 할 수 있다.

재무회계의 궁극적 목적은 업무처리의 효율성 제고를 통한 재무·관리 통합결산의 적시 수행과, 이를 바탕으로 한 경영관리 체계의 변화다. 매월 결산 작업을 효율화하기 위해 결산전표 생성 과정을 자동화한다든지, 결산 진행과정의 모니터링과 지연원인에 대한 지속적 개선이 가능한 시스템을 설계하는 등의 업무개선이 가능하다. 이 밖에 계정별 명세서 산출을 위한 데이터 풀(pool) 기능이나 과거 재무정보의 내역관리 등도 통합결산을 통해 이루어질 수 있다. 결산일정의 단축은 의사결정을 위한 신속한 정보제공, 결산 프로세스 비용의 절감이라는 두 가지 효익이 있다. 그러나 결산일정의 단축은 단순히 재무회계에만 관련된 것이 아니라 전사적으로 추진해야 할 사항임을 명심해야 한다. IBM BCS는 국내 P사의 대규모 ERP 프로젝트에서 '리얼타임 결산'을 프로젝트의 주요 추진과제로 선정했으며, 그 결과 기존의 결산(월 결산 6일, 연 결산 15일)을 혁신적으로 단축(월 결산 1일, 연 결산 5일)했다.

거래 처리계 시스템과 재무회계 및 관리회계 정보의 통합성을 확보해야만 경영정보의 질이 향상되고 업무의 효율성이 제고된다. 이는 거래 처리계 시스템과 재무·관리회계 시스템과의 효과적인 인터페이스 재설계를 통해 구현 가능하다. 재무정보의 정합성 확보는 다른 프로세스·시스템에서 생성되어 여러 곳(경리·관리·세무 등)에 사용되는 허브 구축과, 재무정보 생성자의 정합성 확보를 위한 사용자 편의성 화면 및 검증 로직 구축으로 이루어질 수 있다. IBM BCS 가 컨설팅을 수행한 해외 Z보험사의 경우 거래 처리계 시스템 인터페이스의 재설계를 통해 인터페이스 툴을 이용한 정합성 확인, 거래 처리계와의 정기적 대사, 거래 처리계 수작업 전표 제거작업을 추진했다. 그 결과 재무·관리회계 시스템과 거래 처리계 시스템 간 통합성을 강화했다.

재무회계 시스템은 사용자의 편의를 고려해 구축되어야 한다. 또한 재무·관리·세무 목적의 다양한 데이터를 수용할 수 있도록 설계되어야 한다. 사용자의 편의를 고려한 업무 자동화는, 특히 '비용 관련 전표 입력 및 지급처리'가 재무회계 시스템으로 통합되고, 거래 은행 및 웹에서 제공하는 서비스를 최대한 이용함으로써 자동화됨을 의미한다. 이를 통해 업무처리의 효율화가 이루어지고, 수작업 처리에 따른 조작 및 오류 가능성을 배제할 수 있다. 전자결제 및 승인업무의 재설계는 실제 승인권자가 서류보다는 시스템상에서 많은 업무를 수행하도록 프로세스를 지원한다. 이를 통해 거래관련 정보가 to the right people, at the right time에 이동할 수 있게 된다. 각종 명세서를 자동 산출할 수 있고, 고정자산 업무의 자산관리 및 감가상각관리도 통합된 시스템 내에서 수행함으로써 세무 및 자산관리 업무를 효율화한다. 특히 재무정보의 투입 시점에서 관리목적의 추가적 정보를 체계화해 관리회계만을 위한 별도의 데이터 입력 가능성을 최소화한다. 재무회계 시스템의 구현은 분석과정에 들어오는 정보의 질과 속도를 향상시키고, 이를 통한 경영분석과 외부보고서의 질이 향상될 수 있다. 이들 자료는 온라인으로 이해관계자 및 경영진에게 전달되고, 온라인 질문을 통해 경영정보의 분석 및 의사결정을 지원할 수 있게 된다. 또한 분산된 legacy 시스템의 정보를 단일 세무 DB로 집계함으로써 세무관련 각종 신고 리포트의 생성이 가능해진다.

모든 금융기관에 있어 자금관리 업무의 중요성은 매우 크다. 이에 따라 재무회계 시스템과 별도로 자금관리 업무 시스템을 보유한 금융기관이 많다. 하지만 자금거래 관련 운영 시스템의 자동화 수준은 금융기관별로 차이가 있다. 아직도 스프레드시트(spread sheet) 수준의 수작업으로 거래를 처리하는 금융기관이 있는가 하면, 해외에서 패키지를 도입한 회사도 있다. 선진 금융기관 수준의 자금 운영을 위해서는 여러 금융거래를 처리할 수 있으면서도 재무회계 시스템과 통합성이 있는 시스템을 적용해야 한다. 즉 합리적 · 과학적인 자금수지 예측을 바탕으로 자금거래에 대한 의사결정이 이루어져야 한다. 수행된 자금거래 결과는 총계정원장에 실시간 반영되면서, 다시 이들 값이 자금수지 관리업무와 연계되어야 한다.

자금관리 시스템에서 제공해야 하는 정보 중 중요한 것이 자금수지에 대한 정보다. 자금수지 관리는 '향후 예측되는 자금 입출금 거래 정보를 취합해 자금 과부족을 예측하고, 필요한 자금거래를 미리 준비할 수 있도록 해주는' 것을 의미한다. 자금수지관리 업무는 금융산업별로 상이한 모습을 보이고 있다. 보험회사의 경우 자금수지 정보의 대부분은 보험관련 시스템과 자산운용 관련 시스템에서 관리되며, 자금수지정보 생성시 보험 · 자산 운용 시스템과의 인터페이스가 중요한 역할을 수행한다. 카드사의 경우 카드 자산의 결제

패턴에 대한 정보가 중요하며, 이들을 통해 자금조달에 대한 의사결정을 수행한다.

자금수지관리는 매우 정교한 데이터가 필요한 업무 영역이다. 그러나 현재까지도 수작업으로 수지 관리를 하는 금융기관들이 있다. IT 부서로부터 데이터를 받아 스프레드시트로 자금수지를 관리하면, 오류가 발생할 때 어디서 문제를 풀어야 할지 알 수 없을 만큼 복잡해지는 경우가 많다. 이러한 방식의 업무처리는 자금관리 업무의 정확성·객관성을 저하시키고, 자금관리 업무부문의 성과 측정을 합리적으로, 또 수시로 수행하기 어렵게 만든다. 대량의 대 고객 거래에서 발생하는 정보뿐 아니라 자금거래 및 기타 재무회계 거래까지 포함해 자금수지를 통합적으로 관리할 수 있는 툴이 필요한 이유가 여기에 있다. 물론 이러한 툴 역시 통합 경영관리 체계와의 연계성 하에서 구현되어야 할 것이다.

실제로 IBM BCS는 국내 신용카드사에서 자금관리 관련 컨설팅을 수행했다. 신용카드사의 자금 예측에 영향을 미치는 많은 변수들을 시뮬레이션 모형에 셋업(set up)하고 시나리오별로 자금 과부족을 예측할 수 있도록 했다.

5. 데이터 통합을 위한 IT 인프라

5-1 EAI(enterprise applications integration)

통합 경영관리 시스템의 데이터 원천에는 거래 처리계 시스템, 인사 시스템, 엑셀 등 여러 가지가 있다. 또 통합 경영관리 시스템은 CRM 시스템에 데이터를 제공하기도 하고, 어떤 경우에는 데이터를 전달받기도 한다. 이렇게 데이터를 주고받는 흐름이 복잡할 경우 데이터의 정합성 유지가 쉽지 않을 것이다. 이를 위해 현재 많이 도입되고 있는 툴이 EAI다. EAI는 서로 다른 시스템(ERP · CIM · groupware · data warehouse · e-business 등) 간 정보의 전달 · 연계 · 통합(interface & integration)을 가능케 해주는 수단이다.

최근의 금융환경은 기업들로 하여금 인수 · 합병 · 분사 등 빠른 변화, 24시간 운영체제 구축, 비즈니스 처리속도 증가, 새로운 기술 도입에 따른 시스템 증설, 애플리케이션 확장 또는 업그레이드 등을 요구하고 있다. 이에 따라 기업 내부정보 통합의 중요성이 점점 더 부각되는 실정이다. 특히 정보의 처리 속도가 실시간 처리 방식 중심으로 변해감에 따라 기존의 인터페이스 방식은 한계에 봉착하고 있다. 지난 4~5년 동안 시스템 간 통합은 실제 통합 프로그램을 생성 · 수행하는 point-to-point 인터페이스 방식을 주로 이용했다. 통합을 염두에 두지 않은 채 시스템을 구축한 결과 시스템의 기종과 수가 늘어났고, IT 시스템의 운영 및 성능상 심각한 문제점들이 나타났다. 예를 들어 회사당 50개의 시스템이 있다고 할 때 전체 기업을 point-to-point 방식으로 연결하는 데에는 2,500여 개의 인터페이스가 요구된다.

통합 경영관리 시스템 구축 패키지로 주로 사용되는 ERP 패키지는 이러한 문제를 전체 시스템의 단일 패키지화를 통해 해결하려 했다. 그러나 CRM · DW 등과 같은 ERP 외부의 시스템이 등장하고,

ERP 자체도 모듈화를 통해 선택적으로 적용되면서, 그 적용이 어려워졌다. ERP 입장에서 볼 경우 시스템을 통합하는 데는 ERP 자체만을 염두에 둔 인터페이스 방식의 통합, 그리고 EAI와 같은 툴을 사용한 통합 방식 등 두 가지 유형이 있다. ERP를 대상으로 한 인터페이스에서는 데이터 원천 또는 대상 시스템이 ERP의 외부 시스템일 경우 제공된 개발도구를 이용한 작업이 필요하다. 또한 비정형적 인터페이스의 개발을 통해 ERP와 통합시키는 경우 기존 legacy 시스템을 ERP 시스템에 맞추는 수정이 불가피하다. 이는 ERP 본래의 기능을 효율적으로 수행할 때 불필요한 부하를 줄 수 있다. 최근에는 ERP 패키지의 규모가 작아 그 부담을 무시할 정도가 아니라면, 전문적인 애플리케이션 통합 도구인 EAI를 도입하고 있는 추세다.

5-2 Data Warehouse

데이터 통합의 목적과 관련해 과거부터 계속된 주제가 Data Warehouse(DW)다. DW는 수 년에 걸친 기업활동에서 발생한 데이터를 주제별로 통합, 별도의 프로그램 없이 즉시 다양한 분석을 가능케 하는 통합 데이터 관리 시스템이다. 수익성 분석, 위험관리, 고객관계관리를 수행하기 위해서는 매우 다양하고 방대한 정보가 통합된 형태로 지원되어야 한다. 이를 위해서는 전사적인 DW를 구축하는 것이 필수적이다.

DW는 금융기관의 거래 처리계 시스템과 그 밖의 시스템 등을 데이터 원천 시스템으로 삼아 고객·재무·인사 분야의 분석을 지원하는 통합 데이터 저장고의 역할을 수행한다. 특히 전략정보, CRM,

ERP 등의 효율성을 증대시키는 기업의 기초 인프라 역할을 수행한
다. 이 같은 측면을 고려할 경우 통합 경영관리 시스템을 구현함에
있어 DW의 도입을 검토할 필요가 있다. 실제로 IBM BCS는 과거 많
은 금융기관에서 통합 경영관리 시스템 구현을 위한 컨설팅을 수행
할 때 DW 구축 또는 수정 작업을 동시에 수행하는 경우가 많았다.

통합 경영관리 체계는 가장 많은 파급 효과를 줄 수 있는 내부 프로세스 및 시스템 인프라의 개선으로 볼 수 있다. 초기에 그 개선 효과를 충분히 얻어낸다면 다른 전략적 과제들의 실행도 안정된 조직 기반 하에서 이끌어갈 수 있다. 전사적 통합 경영관리 시스템이 갖추어지면 금융기관은 가치창출이 많은 부문에 역량을 집중할 수 있으며, 시스템 통합을 통한 프로세스의 개선으로 비핵심역량 분야에서의 소모적 시간을 최소화할 수 있다. 프로세스 개선을 통해 거래 처리 중심에서 가치창출 활동에 역점을 둔 사례로 ZFS(Zurich Financial Services)를 들 수 있다.

ZFS는 1998년 Zurich Insurance와 BAT Financial Services의 합병으로 탄생되었으며, 현재 취리히와 런던에 두 개의 본사를 둔 화재업계 세계 3위의 보험사다. ZFS는 급격한 산업 트렌드의 변화에 대응하기 위해 새로운 기술 인프라 구축의 필요성을 인식하고 있었다. 즉 ZFS는 종합금융화의 진행 및 진입 장벽의 완화, 정보를 효율적으로 관리하는 시스템 통합과 허브의 중요성 대두, 가격 경쟁의 심화, 고객에 접근하는 채널의 다양화, e-비즈니스의 발달로 정보의 공유와 새로운 고객접점 생성, 이에 따른 거래비용 감소 등의 외부 환경 변화를 맞이했다. legacy 시스템은 현재의 비즈니스에 중추적 역할을 수행하고 있으나 새로운 웹 환경에 적응하는 데 어려움이 따랐다. 그렇지만 새로운 시스템을 개발·구축하기에는 많은 비용과 시간, 위험이 수반되는 문제점이 노출되었다.

환경변화에 대응해 ZFS는 상품밀도·고객밀도 및 고객확대의 세 축을 중심으로 비전을 새롭게 설정하고 세부추진 전략을 마련했다. 비전 달성을 위해 'Global e-Business Exchange Concept'라는 비즈니스 모델을 적용했는데, 여기에는 서비스에 기반을 둔 비즈니스 모델의 구축, 종합금융의 선도 방안, 그리고 가상 네트워크 기업(Virtual Networked Enterprise)의 구성 등과 같은 장기 전략이 포함되었다.

ZFS는 후선업무를 지원하는 시스템 소프트웨어로서 SAP 패키지를 구현했는데, ZFS가 구현한 SAP 모듈은 〈그림 4-11〉과 같다.

이 사례는 ZFS가 단순한 내부효율화를 위해서가 아니라 'New ZFS'의 비전을 달성하기 위한 기반으로서 재무정보 시스템을 구축했다는 것을 시사한다. 전세계의 지역 오피스, 판매별·상품별 채널과 고객은 하나의 통합된 지원 인프라에 연결되어 종합적으로 관리되며, 통합된 허브의 구축을 위해 재무정보 시스템을 구현했다.

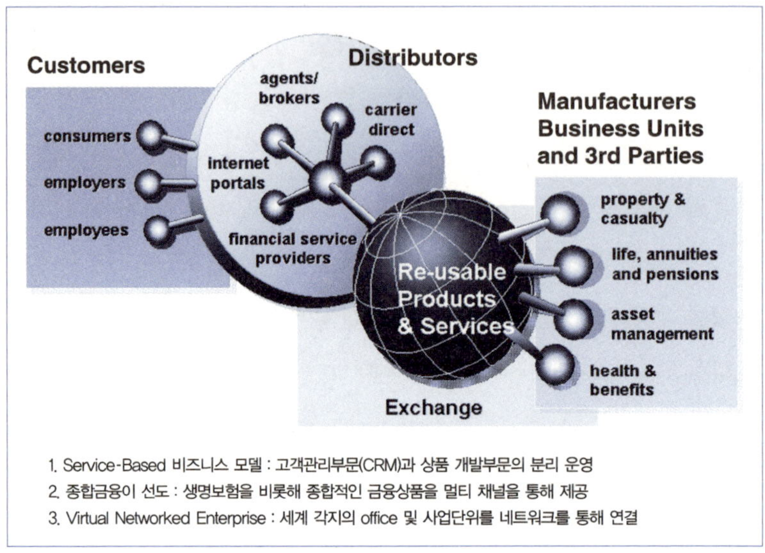

1. Service-Based 비즈니스 모델 : 고객관리부문(CRM)과 상품 개발부문의 분리 운영
2. 종합금융이 선도 : 생명보험을 비롯해 종합적인 금융상품을 멀티 채널을 통해 제공
3. Virtual Networked Enterprise : 세계 각지의 office 및 사업단위를 네트워크를 통해 연결

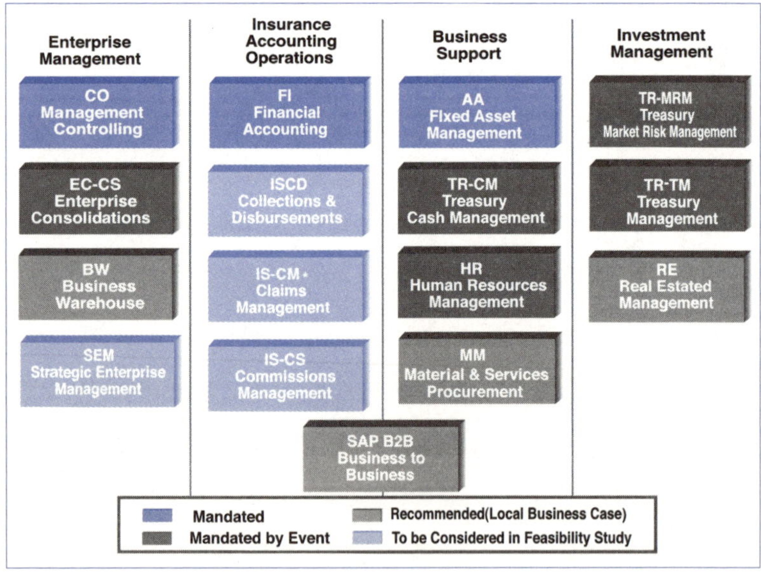

1. 변화관리

통합 경영관리 체계가 도입되면 기존의 업무가치 체계 및 방식이 변경되어야 한다. 성과평가 척도 등 평가방법론이 변경되면 업무 수행자들의 업무 수행방식 또한 바뀌게 된다. 이들 변화는 조직원들의 저항에 직면할 가능성이 높다. 따라서 통합 경영관리를 도입하기 위한 프로젝트를 수행할 때 변화관리가 매우 중요한 과제로 떠오른다.

변화관리의 목적은 수립내용과 연계해 그 실행을 효과적으로 지원하기 위해 1) 이해관계자의 몰입을 이끌어내고, 2) 프로젝트 과정에 대한 원활한 커뮤니케이션 채널을 운영하며, 3) 필요역량의 개발을 위해 변화전략을 수립함으로써 향후 새로운 시스템의 실행과정에 대한 저항을 최소화하고, 효율적인 기업운영에 기여하는 데 있다.

새로운 시스템의 도입이 실패하는 주요 이유는 프로젝트 수행 단계별로 직원들이 갖는 기대수준을 적절히 조절하지 못하거나, 저항 및 불안 요소에 대한 관리가 제대로 이루어지지 않았기 때문이다. 변화관리의 주요 실패요인을 살펴보면 부정적이고 경쟁적인 문화, 변화 프로그램에 대한 경영층의 부정적 태도, 지속적인 추진력 감소, 현실성 없는 기대감, 과거 실패한 프로젝트 경험에 집착, 기존 시스템으로의 회귀, 부서 이기주의, 역량 향상에 대한 노력 미흡 등을 들 수 있다. 따라서 변화관리의 핵심은 관련 이해관계자 · 조직에 one vision-one voice를 심어줌으로써 변화에 대한 저항을 최소화하는 데 있다. 이는 변화전략(action management plan)을 정립한 후 조직이 적극 참여하도록 동기화하고, 수행역량을 강화하는 일련의 프로세스를 요구한다. 변화관리의 주요 전략으로는 변화의 당위성 인식, 비전의 명확화 및 공유, 변화 리더십 발휘, 변화 동참 유도 및 지원 · 독려, 단기개선 사항의 발굴 및 실천으로서 작은 성공경험 등이 포함될 수 있다.

2. 시스템 구축전략

시스템 구축전략에는 가능한 한 넓은 범위의 업무를 대상으로 구축하는 빅뱅 approach와 단계별로 일부 모듈별로 구축하는 phased approach가 있다. 빅뱅 구축 방식은 프로세스 · 시스템 · 조직을 동시적으로 단기간에 변화시키기 때문에 경영층의 강력한 지원과 리더십, 패키지 제공업체의 기능보완 및 개발 납기 준수, 패키지 갭 조기 분석 및 대응방안 수립, 조기 교육 · 훈련 등이 전제되어야 한다. 빅뱅 방식은 동시 적용을 통한 변화 추진 효과의 극대화나 시간 단축 및 비용절감 효과 등이 기대된다. 그러나 조직 · 프로세스 · 시스템 등의 변화가 전사적으로 동시에 발생하기 때문에 변화의 혼돈이 발생할 리스크가 높다.

phased 구축 방식은 프로세스 · 시스템 · 조직을 단계적으로 장기간에 걸쳐 변화시키는 것으로서 업무기능별로 독립적 수행이 가능하고, 프로젝트 기간에 대한 제약이 없는 경우에 가능하다. 이 방식은 단계적 구축을 통해 프로젝트 리스크의 분산 및 안정적인 변화의 실현이 가능하다. 그러나 한시적인 인터페이스의 개발 노력이 추가로 필요하며 프로젝트 수행에 시간이 많이 소요된다는 단점이 있다.

현재 주로 사용되는 방식은 빅뱅이다. 구축 경험이 별로 없었던 과거에는 구축 과정에서 발생할 수 있는 프로젝트 리스크를 최소화하는 것이 매우 중요한 과제였다. 따라서 단계별로 점검해 나가는 phased 구축방식이 선호되었다. 그러나 구축 경험이 많이 축적된 현재에는 이러한 위험이 줄어들었다. 또한 단기간의 구축으로 빠른 변화를 유도하고자 하는 요구사항이 대두됨에 따라 빅뱅 방식이 많이 선호되고 있다.

중요한 사실은 금융기관별로 정답이 다를 수 있다는 것이다. 금융기관의 현재 업무 수준, IT 기술력 수준, 인력 보유 수준 등에 따라서 취해야 할 방법이 다르다. 금융기관들은 먼저 현행 업무 및 IT 체계 분석을 통해 자신의 비즈니스 프로세스를 분석할 필요가 있다. 그 후 잠정적인 TO-BE 모델을 수립한 후에 이에 가장 적합한 패키지를 선정하고, TO-BE 모델과 패키지와의 갭 분석에 따라 패키지 구축 및 커스터마이징을 하는 방식을 고려할 필요가 있다.

5

운영 효율화를 위한 코어 시스템 전환

코어 시스템의 전환을 통해 얻을 수 있는 비용절감 효과 부분은 운영 및 유지·보수 비용과 복수 시스템의 제거로부터 얻어지는 효과가 가장 클 것으로 예상된다. 이러한 비용절감 부분은 금융기관이 코어 시스템의 전환에 대한 의사결정을 내리기 위한 중요한 요소로 작용할 것이다. 하지만 이러한 비용절감 효과만을 위해서 코어 시스템의 전환이 필요한 것은 아니며, 이와 더불어 변화하는 금융산업 환경과 중·장기적인 관점 하에서 금융기관이 지속적인 성장을 하기 위해서 반드시 필요한 과제다. 이는 수익 극대화를 위한 고객관계관리 역량의 강화와 경영관리 선진화를 위한 초석이 될 것이다.

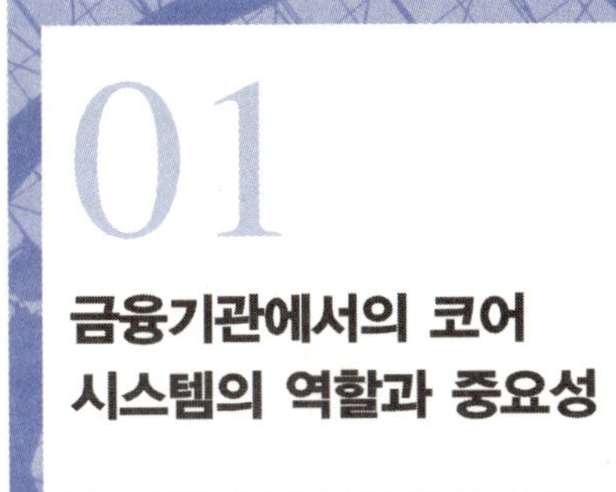

1. 금융기관 내 코어 시스템의 위상

지난 수십 년 간 기업의 컴퓨터 시스템과 애플리케이션의 개발환경이 끊임없이 진화되어 오면서, 그 시대의 비즈니스 요구와 기술적 한계 사이의 절충을 통해 정보 시스템이 비즈니스에 도입되었다.

전산기술의 상업화 초기에는 값비싼 하드웨어 환경으로 인해, 비즈니스 전략 지원보다는 하드웨어 자원 활용의 최소화 및 처리 효율성에 역점이 주어졌다. 프로그램 설계 및 시스템 개발방법론의 미성숙으로 정보 시스템의 역할은 기술을 통한 업무혁신보다는 수작업 업무의 단순 자동화에 그쳤으며, 전사 수준의 경영전략이나 일선 현업의 요구사항을 효과적으로 반영하지 못했다. 그러나 오늘날에는 값싼 하드웨어와 효율적인 네트워크, 그리고 발달된 프로그래밍 기법 등의 기술환경으로 현실 세계의 비즈니스를 기업 시스템에 효과적으로 투영시킬 수 있게 되었다. 따라서 자연스럽게 컴퓨터 자원의 효율성보다는 효과적인 전사 비즈니스의 지원을 위한 기능 및 서비스 강화에 좀더 많은 노력을 투입할 수 있게 되었다.

결국 오늘날 고품질 정보 시스템 서비스의 핵심 성공요인은 비즈니스와 IT 간 통합과 연계성에 달려 있으며, 고객 서비스 개선과 비즈니스 전략 개발 역시 단순한 경영적 차원이 아닌 정보 시스템의 지원과 필수불가결한 관계를 맺고 있다.

최근 금융산업에 있어 금융 비즈니스의 핵심업무(core business)를 바라보는 시각도 특정 기능 중심에서 고객과의 접점을 중시하는 방향으로 전환되고 있다. 이로써 코어 시스템(core system)의 영역도 고객과의 접점 여부에 따라 분류되고 있다.

즉 금융기관에 있어 '핵심 업무(core business)'란 고객과의 접점에서 이루어지는 모든 비즈니스를 의미하는 것으로, 고객정보 관리업

그림 5-1 금융기관 IT 인프라 내에서 코어 시스템의 위상

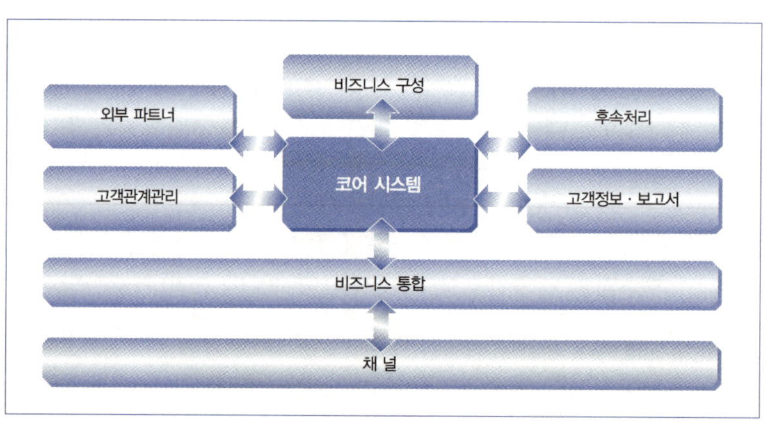

무·수신·여신·보험·증권·외환·신용카드 등 상품 서비스 업무 및 이러한 운영업무와 관련된 처리 등을 포괄한다. 따라서 핵심업무는 금융기관의 심장과도 같다.

이러한 핵심업무를 지원하는 '코어 시스템'은 거래처리, 수신계좌 관리, 여신계좌 관리, 보험계약 관리, 각종 증권 관리 및 지급결제(어음·지급결제 대행 등) 등과 같이 고객과의 접점에서 발생하는 모든 거래업무를 지원하는 애플리케이션 시스템을 의미한다.

2. 코어 시스템의 역할과 전략적 중요성

따라서 금융기관의 코어 시스템은 모든 상품과 서비스의 개발, 채널 인프라를 통한 고객 서비스 전달, 판매된 상품에 대한 운영관리를 담당하며, 그 자체가 위험관리의 기반인 동시에 MIS를 통한 리포팅, 코어 시스템 내에 존재하는 고객정보의 통합을 통한 CRM 시스템 지원, 외부 금융기관 및 비금융기관과의 교류 등과 같은 금융기관 업무의 핵심적인 역할에 대한 지원을 담당한다. 코어 시스템은 금융기관의 핵심업무를 담당하는 후선업무 인프라라고 할 수 있다. 코어 시스템은 신용카드·담보·수신·여신·보험·증권·지불결제 처리 등과 같은 금융업무의 핵심 프로세싱 기능을 수행하는 동시에 고객·계좌·상품(수신·여신·외환·신용카드·보험·증권 등)에 관한 핵심 데이터의 원천을 보관하는 역할을 담당한다.

이처럼 코어 시스템은 금융기관의 기술 인프라의 근간을 형성하는 금융산업의 필수 핵심요인(mission critical element)이라 말할 수 있

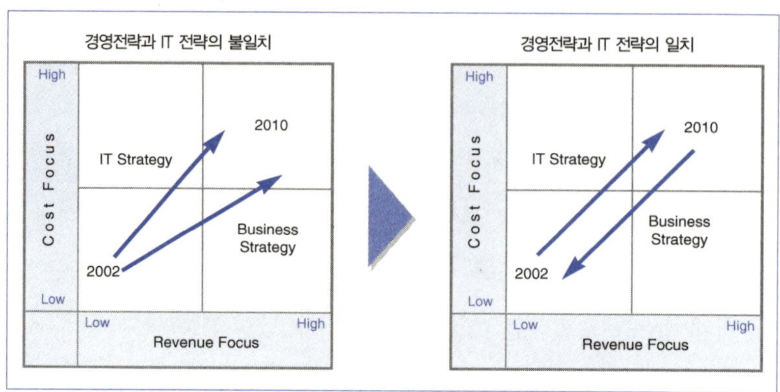

다. 따라서 신규 코어 시스템을 구축할 때는 금융 비즈니스와 IT 전략 간 연계가 필수적이다.

그러므로 오늘날의 코어 시스템은 고객중심 서비스를 제공하고, 다양한 상품의 신속한 개발을 지원하며, 조직의 지능을 향상시키기 위한 다차원 정보를 제공하고, 업무지식과 연동한 채널 인터페이스를 단순화 · 표준화하는 금융 시스템의 핵심역할을 담당함으로써, 총체적인 기업 역량을 극대화하는 핵심 경쟁력으로 인식되고 있다.

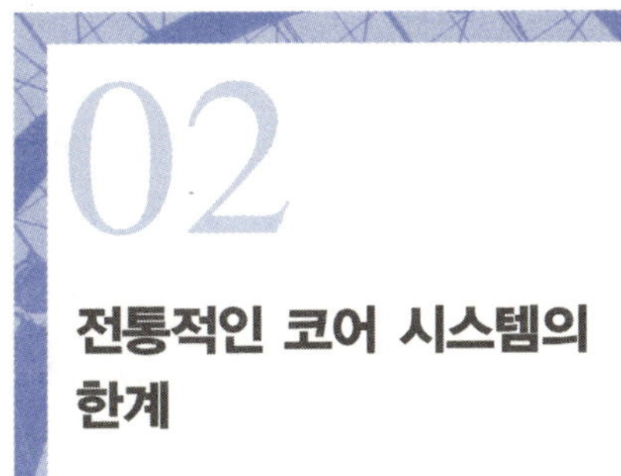

1. 과거 금융기관 성장전략의 한계

해외 선진 금융기관들은 1990년대에 가치창출을 위한 주요 전략으로서 수익선 다변화, 산업 내 합병과 구조조정, 그리고 위험분산을 위한 자산유동화 등에 중점적으로 노력한 결과, 안정적인 비이자 부문의 수익창출과 비용·리스크 절감을 도모했다.

예컨대 수익선 다변화 위주 전략의 일환으로 많은 금융기관들이 수수료 기반 서비스를 확대한바, 비은행성 금융상품 개발에 집중 투자했다. 또한 규모의 경제력 확대를 위한 메이저 은행들의 전략이 법적·제도적 규제변화와 맞물려 산업 내 크고 작은 구조조정들이 진행되었다. 그리고 이들 금융기관의 위험요인 개선을 위한 위험자산의 유동화 역시 꾸준히 진행되어 왔다.

그러나 이 세 가지 중점전략의 실행을 통해 금융기관들이 주요 성

그림 5-3 성장 위주 전략의 부작용

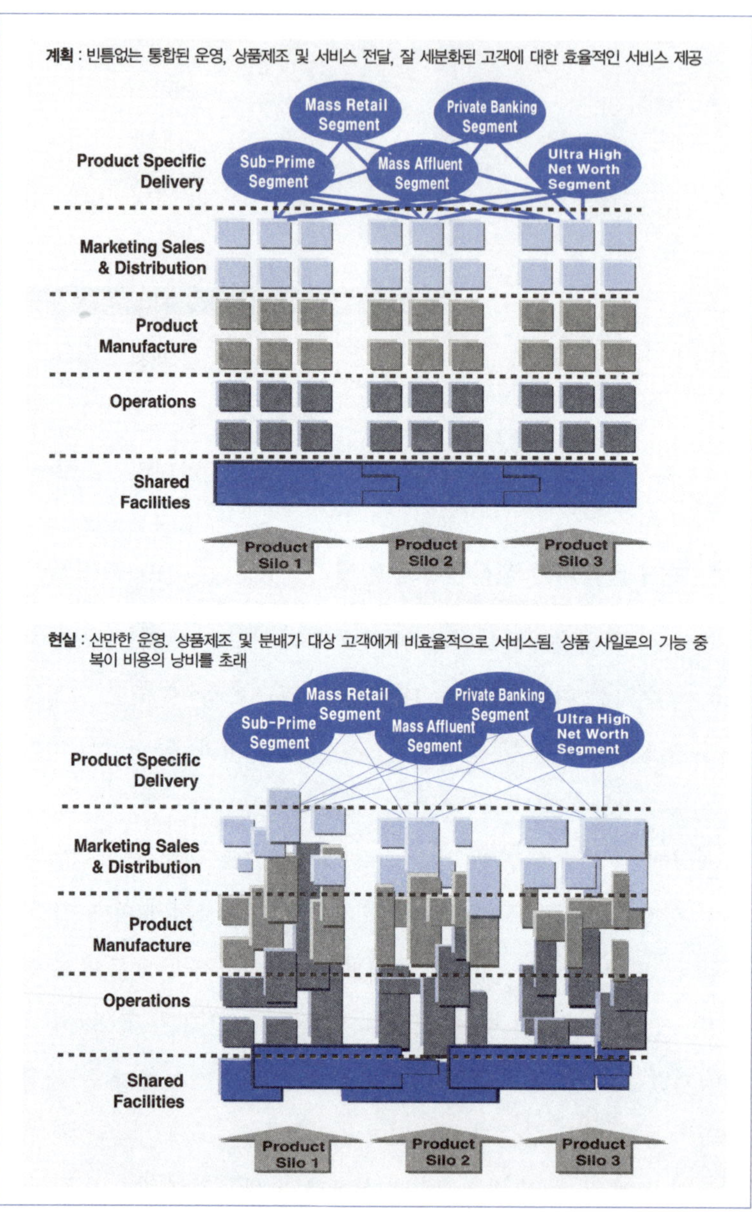
계획 : 빈틈없는 통합된 운영, 상품제조 및 서비스 전달, 잘 세분화된 고객에 대한 효율적인 서비스 제공

Mass Retail Segment
Private Banking Segment
Product Specific Delivery
Sub-Prime Segment
Mass Affluent Segment
Ultra High Net Worth Segment
Marketing Sales & Distribution
Product Manufacture
Operations
Shared Facilities
Product Silo 1
Product Silo 2
Product Silo 3

현실 : 산만한 운영. 상품제조 및 분배가 대상 고객에게 비효율적으로 서비스됨. 상품 사일로의 기능 중복이 비용의 낭비를 초래

Mass Retail Segment
Private Banking Segment
Sub-Prime Segment
Mass Affluent Segment
Ultra High Net Worth Segment
Product Specific Delivery
Marketing Sales & Distribution
Product Manufacture
Operations
Shared Facilities
Product Silo 1
Product Silo 2
Product Silo 3

장전략 차원에서 성공할 수 있었지만, 동시에 성장전략에 따른 부작용 · 후유증으로 그에 대한 대가를 지불해야만 했다. 이를테면, 이들 금융기관은 비이자 수익폭 확대를 위한 다양한 금융 서비스를 도입했지만, 그 결과 수수료 확대에 따른 고객 희생에 대한 비난을 면할 수 없었고, 동시에 조직 내 다양한 영역에서 주요 역량의 중복투자를 발생시켰다.

통합의 측면을 보자면, 주로 내부확장의 조합과 인수 · 합병에 기인한 성장에 따라 신상품, 채널, 사업 라인들이 불완전하게 통합되었다. 동시에 조직의 비대화에 따른 비효율 요인들이 발생함으로써 서비스 속도가 저하되는 결과를 불러왔다. 그뿐 아니라 대량생산체계 형태의 상품과 서비스 추구를 통해 고객 니즈와 금융서비스 간의 불일치를 불러일으켰다. 더욱이 최근의 금융 비즈니스 환경에서는 은행 · 보험 · 증권 등 금융기관 간 영역파괴가 가속화되고 있으며, 시장확대의 추구에 따라 도매와 소매 간 경계까지도 점차 희미해지고 있다.

결국, 과거 이들 성장전략은 조직 · 지역 · 상품 · 채널 등을 중심으로 한 확장으로 금융 비즈니스의 복잡성을 더욱 증가시켰으며, 이는 금융기관 내 코어 시스템과의 불일치와 중복투자에 따른 코어 시스템 비즈니스의 비효율 및 부담을 가중시킨 것이다.

2. 과거 코어 시스템의 한계

앞에서 소개한 금융환경의 변화와 성장중심의 전략들 때문에 대부분의 금융기관은 오늘날과 같은 역동적인 금융환경 변화에 신속하고 탄력적으로 대응할 수 있는 시스템 인프라 확보에 어려움을 겪고 있다. 또한 고객관리, 상품개발, 운영상 다양한 비효율 요인을 제거하기 위한 방안 마련에 골몰하고 있다.

고객관리 분야의 경우 채널의 연속성·일관성을 확보하기 위해서는 고객이 특정 채널에서 상담이나 거래를 시작하더라도 다른 채널을 통해 이를 마무리할 수 있어야 하고, 이 과정에서 고객에게 일관된 서비스를 제공할 수 있어야 한다. 예를 들어 콜센터를 통해 상품구매를 위한 상담을 하는 경우, 이 정보가 콜센터에 기록되고 다시 중앙의 고객관리 시스템으로 취합되어 고객이 콜센터가 아닌 영업점을 방문해 상담을 재개하더라도, 영업점에서 중앙고객관리 시스템에 접속해 중복작업 없이 연속적인 서비스를 제공할 수 있어야 한다. 그럼에도 불구하고 아직도 많은 금융기관에 있어 채널 간 통합이 이루어지지 않아 영업점을 방문해 상담을 재개할 때, 여전히 기존의 절차를 다시 처음부터 반복함으로써 내부적인 업무 비효율성과 더불어 대 고객 서비스의 질적 저하를 불러오고 있다.

상품개발 측면에서 보면 상품을 신속히 출시하고 다른 금융기관과의 제휴를 통한 신상품 개발 역량을 갖추어야 하나, 시스템이 이를 뒷받침해 주지 못하고 있는 실정이다. 시스템의 낙후로 일부 상품의 경우 상품개발 기간이 과다하게 소요되고, 외부기관과의 공조를 위한 시스템상의 연계가 결여되어 있으며, 상품별로 솔루션이 추가되고 있다. 이에 따라 상품이 개발되면 시스템의 복잡성만 더해가고, 기능중복에 따른 관리비용이 증가하게 되며, 상품의 조립을 통해 고객별로 맞춤형 신상품을 제공하는 것이 어려운 형편이다.

운영분야의 경우 외주·외부기관과의 시스템 공유 등을 통한 규모의 경제 달성이 필요하다. 하지만 현 시스템은 상품 또는 사업부별로 독자적인 후선업무가 이루어지게끔 구성되어 있다. 그 결과 하부 시스템의 업무 중복이 심각하고 외부기관과의 연계가 어려워 규모의 경제 달성이 요원한 상황이다. 또한 현 시스템은 대부분 과거의 기술을 바탕으로 설계되었고, 산재되어 있는 IT 자원에 대한 통합적인 관리가 이루어지고 있지 않아 다른 시스템과의 연계상 유연성이 부족하고, 유지비용이 과다하게 소요되는 경향이 있다. 따라서 최근의 금융환경에 맞게 다차원의 경영정보를 취합·제공하는 데 부적합하고, 복잡한 위험관리 기능을 제공하는 데 한계를 보이고 있다.

이처럼 불행히 아직도 많은 금융권의 코어 시스템들이 새로운 비즈니스 요구에 대비하고 있지 못하며, 기존 코어 시스템의 한계와 관련해 다음과 같은 문제점들이 존재한다.

- 복잡하고 상호 관련이 있는 복합상품에 대한 지원 취약
- 고객에 대한 일관성 있는 뷰를 효과적으로 지원하지 못함
- 전사적인 IT 적용 원칙과 표준화 원칙 미비
- 구 기술 종속도가 높아 환경변화에 유연하지 못함
- 신상품 출시·지원에 많은 시간이 필요
- 지속적으로 변화하는 위험관리 프레임워크 지원에 취약
- 기술 노화에 따른 복잡성과 고비용 요인 적체

- 다차원적 경영정보의 제공 미비
- 효율성 중심에서 효과성 중심으로의 전환을 목적으로 하는 신규 애플리케이션 통합에 대한 지원 미비
- 고객중심보다는 계좌 중심
- 유지보수의 난이성 및 고비용성
- 온라인 이벤트 지향보다는 배치처리 위주

3. 코어 시스템의 전략적 방향

거시적인 관점에서 볼 때, 미국 내 주요 금융서비스 인덱스들은 1990년대의 안정된 성장기를 지난 현 시장국면에서 경기침체의 가능성을 예고하고 있으며, 지난 2년 간의 주요 여건과 주요 성장전략의 고갈로 인해 성장전략의 본질적인 변화가 필요할 것으로 예상하고 있다. 따라서 금융기관들은 지속적인 주주가치 창출과 고객가치 증대를 위한 신(新)가치창출 전략이 무엇인가를 찾아 이에 주력함으로써 '지혜로운 성장(intelligent growth)'을 이루어야 한다.

그렇다면 오늘날의 금융기관들에게는 정상적인 성장률을 유지하는 가운데 주주가치를 극대화하기 위한 전략의 개발이 필요하다. 과연 어떤 원칙 하에서 전략 개발의 노력에 집중해야 하는 것일까?

이를 위한 전략의 축은 첫째, 고객중심 조직의 적용을 통한 수익 증대, 둘째, 중복된 프로세스 제거 및 디지털화를 통한 비용구조의 근본적 개선, 그리고 마지막으로 수익 안정성 확보 및 위험관련 자산의 축소 등을 들 수 있다.

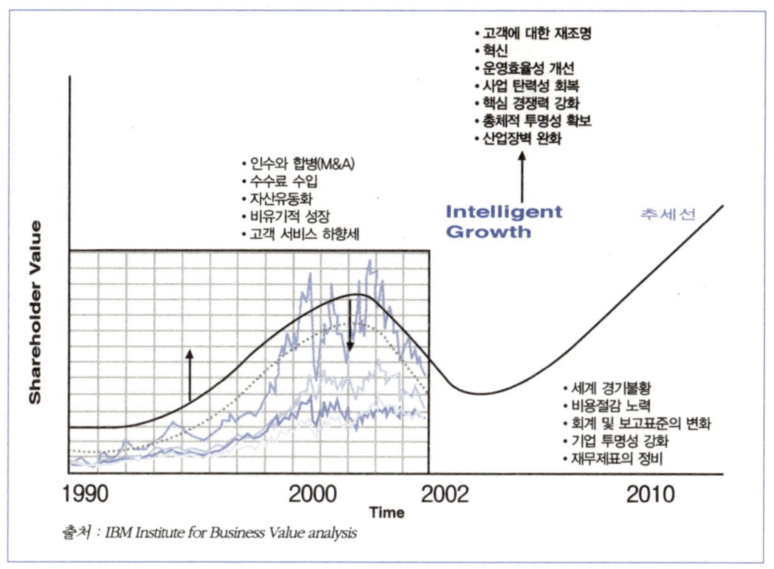

　　예컨대 기업은 핵심고객에 대한 관계 강화를 위해 각 세그먼트별로 최적화된 상품을 제공하기 위한 혁신적 서비스 모델을 개발하고, 중개자에 대해 권한을 위임함으로써 차별화를 통한 수익증대를 도모할 수 있다. 또한 서비스 모델의 합리화, 핵심역량의 저비용화, 비핵심업무의 아웃소싱 등과 같은 비즈니스 구조의 재정비와 인프라스트럭처의 합리화를 통해 비용절감 및 자산생산성 증대를 유도할 수 있다. 그리고 운영위험의 최적화를 통해 자본·위험 비용을 최소화함으로써 운영탄력성을 확보하고 신시장의 확장·통합에 대응할 수 있는 것이다.

　　이들 전략의 축에 따라 〈그림 5-5〉와 같은 주요 전략의 실행분야가 도출될 수 있다. 각각의 실행분야에 해당하는 코어 시스템은 통

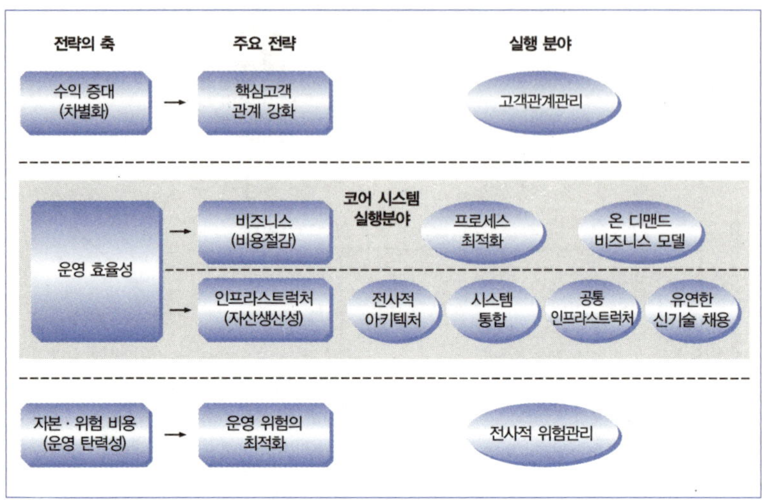

합성·안정성·확장성·유연성을 담보할 수 있는 방향으로 설계되어야 하며, 이를 위한 효과적인 아키텍처 프레임워크의 도입은 성공적인 코어 시스템 전환(core system transformation)의 토대가 된다.

1. 비즈니스 구조 재구성

on-demand 시대에 있어 비즈니스는 기업을 상품과 조직의 사일로(silo)와 전통적이고 선형적 가치사슬로부터, 고객 선도역량을 중심으로 산업가치 네트워크를 활용하는 비즈니스 모델로 발전해야 한다.

금융기관은 〈그림 5-6〉에서 제시한 6가지 핵심영역에 대한 고찰과 분석을 통해 다음과 같은 세 가지 원칙 하에서 비즈니스를 재구성해야 한다.

- 언제든지 최고의 비즈니스 모델로 재구축할 수 있도록 비즈니스를 중복없이 컴포넌트화한다.
- 사업조직 최적화, 프로세스 최적화, 전사적 최적화를 통해 컴포

6가지 핵심영역	전통적 상품 사일로식 비즈니스 모델	on-demand 시대의 요구
채널	• 채널 각각이 개별적으로 개발되어 있고 비즈니스 모델에 고착화되었으며, 상품 사일로 내에서 최적화 • 산발적인 마케팅 및 고객관계관리를 위한 불충분한 데이터 수집	• 고객들을 세분화해 관리하고, 그에 따라 상품과 서비스 제공 • 채널 간 데이터 공유를 가능하게 빈틈없이 통합하고, 세그먼트 기반으로 마케팅 주도
상품개발	• 영업부서 간 교류가 차단된 조직 사일로식 상품개발 • 상품과 서비스 제공이 사업부서 단위 중심이며 종합적인 시각 부족	• 금융기관 내·외의 가장 적정한 상품 서비스 생산자로부터 상품조달 • 고객 세그먼트의 요구에 부응하게 적시에 커스터마이즈된 상품 제공
업무처리	• 외부 주체들과 협업을 제한하는 경직된 조직 경계 • 고비용·저효율 구조	• 변화하는 운영조건에 대응하기 위해 금융기관 내·외부 주체와의 경계를 넘는 협업 • 저비용·고효율 추구
고객분석	• 조직 사일로 내에 정보수집 및 보관 • 사업조직 수준에서의 전략 개발	• 변화하는 운영환경에 보다 대응력을 높게 하는 전략분석이 가능토록 전사적인 정보수집과 공유 • 외부에서 개발된 최고 수준의 분석기법 사용
위험 및 재무관리	• 위험관리 책임들이 개별사업 및 상품단위에 국한됨 • 리스크 자료가 전사적으로 활용되지 못함	• 전조직에 걸친 리스크를 관리하기 위한 포트폴리오식 접근 허용 • 실시간 정보수집과 보다 정확한 리스크 상태 제공으로 효율적 리스크 관리
인프라 스트럭처	• 다른 내부 플랫폼과 호환되지 못하는 사업부서 단위의 인프라스트럭처 유지 • 어떤 프로세스는 부서 간 공유되나 최상급은 아님	• 내부 지원 서비스가 전사적으로 효율성을 제공하기 위해 외부 제공자와 경쟁 • 모든 내·외부 컴포넌트 간 호환성을 제공하기 위해 표준기술기반 장려

넌트 기반 비즈니스 모델로 기업을 재구축한다.

• 각 컴포넌트에 대해 금융산업 최상의 비즈니스를 허용할 수 있도록 기업 간 빈틈없고 동적인 연계와 협업을 실현해야 한다.

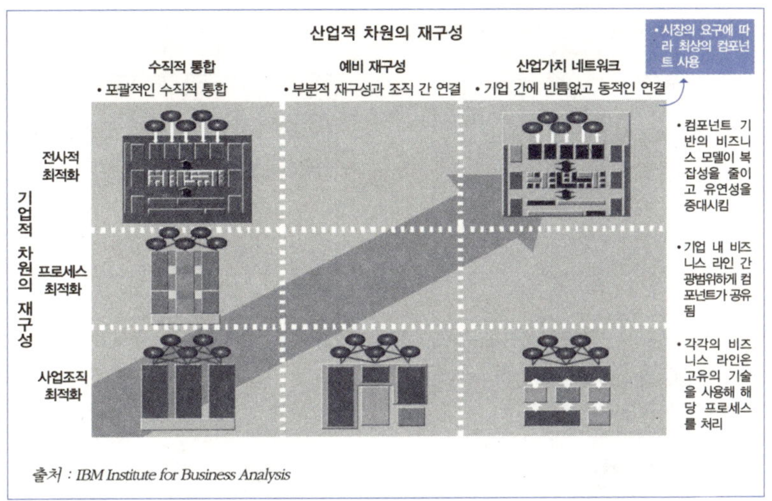

따라서 〈그림 5-7〉과 같이 각 상품별 사업조직 내 프로세스 중 사일로 형태로 존재하는 프로세스를 먼저 조직 내에서 최적화하고, 전사적 관점에서 다시 최적화하며, 이러한 과정을 통해 컴포넌트화된 비즈니스 모델을 구축하게 된다.

이 과정을 거쳐 최상의 서비스를 제공하는 사례로서 〈그림 5-8〉 및 〈그림 5-9〉와 같은 여신 비즈니스를 고찰해 볼 수 있다.

기업 내에서 최적화된 각 컴포넌트에 대해서 각각의 조직별 역량과 경쟁력을 분석해, 경쟁력이 떨어지는 컴포넌트는 과감하게 아웃소싱하거나 시장에서 최고 역량을 가진 다른 기업의 컴포넌트를 도입해 협업하도록 한다. 이렇게 비즈니스 변환이 이루어진 금융기관은 각 비즈니스 컴포넌트 중 가장 경쟁력이 있는 핵심 분야는 자사 컴포넌트를 기반으로 하고, 경쟁력이 떨어지는 비핵심 분야는 경쟁

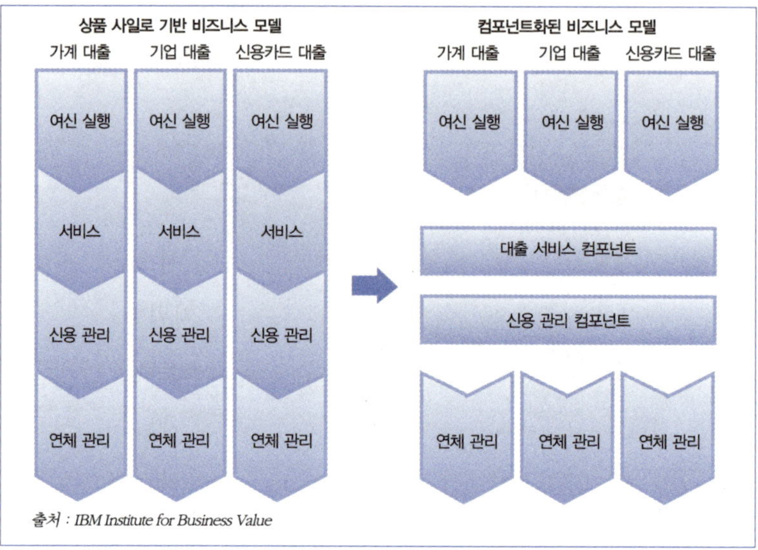

그림 5-9 여신업무에 대한 on-demand 전환 사례

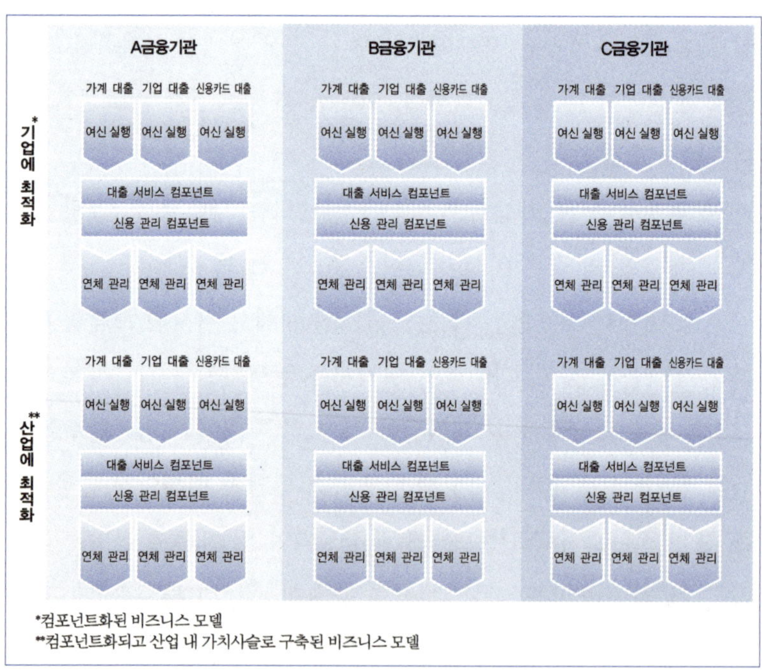

력 있는 외부 컴포넌트를 활용, 협업함으로써 고객의 요구와 시장 가치, 그리고 외부 위협에 대해 신속하게 대응할 수 있도록 한다.

2. 인프라스트럭처 합리화

앞에서 제시한 비즈니스 모델을 지원하는 코어 시스템은 금융기관에 비즈니스 최적화와 산업에 가치사슬 구축을 지원할 수 있는 핵심 역할을 수행해야 하며, 이를 위해서는 인프라스트럭처의 마인드 변화가 필수적이다. 다시 말해 각 애플리케이션과 채널을 지원하는 개별적 인프라스트럭처에서 고객중심의 공통 인프라스트럭처로 발전시켜 나가야 한다.

그림 5-10 각 상품과 채널을 지원하는 개별적 인프라스트럭처

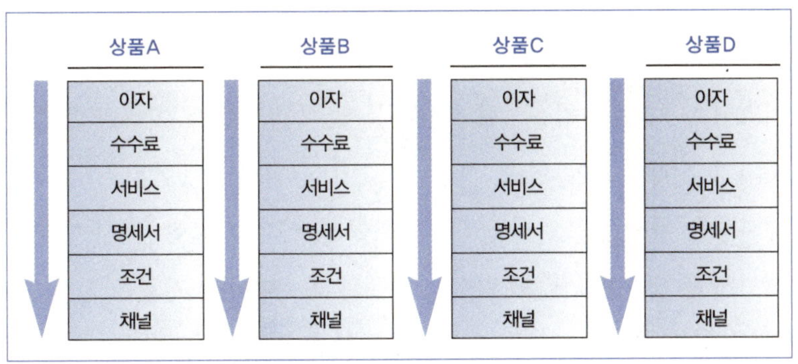

즉 〈그림 5-11〉과 같이 상품과 조직의 사일로 형태의 인프라스트럭처의 중복을 배제하고 종적인 시각에서 횡적인 통합을 이루면서도 각 상품에 대한 처리, 수익성, 통제를 할 수 있도록 공통적·고객

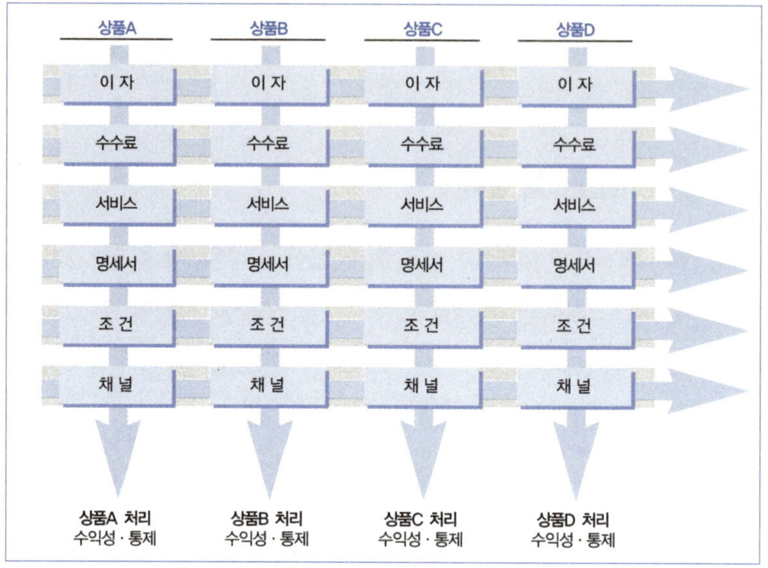

중심적 인프라스트럭처를 구축해야 한다.

전사적인 정보 프레임워크를 통해 일관성을 유지하기 위해서는 비즈니스 · 정보 · 기능 · 워크플로 등에 대한 공통적 이해와 일관된 정의가 선행되어야 한다. 또한 프로세스 · 기능 · 데이터의 통합과 재사용을 위해서 프로세스 리엔지니어링, 데이터 통합, 전사 애플리케이션 통합기반도 필수적이다. 그것과 동시에 금융기관은 처리, 수익성 및 통제관점에서 각 개별 상품영역을 추적할 수 있어야 한다.

정보기술 인프라스트럭처는 이러한 고객 중심 모델로의 마인드 변화를 지원해야 하고 애플리케이션 상호 협업, 재사용, 고객 및 데이터의 전사적 시각을 제공해야 하며, 이를 위해서는 전사적으로 일관된 프레임워크가 필요하다.

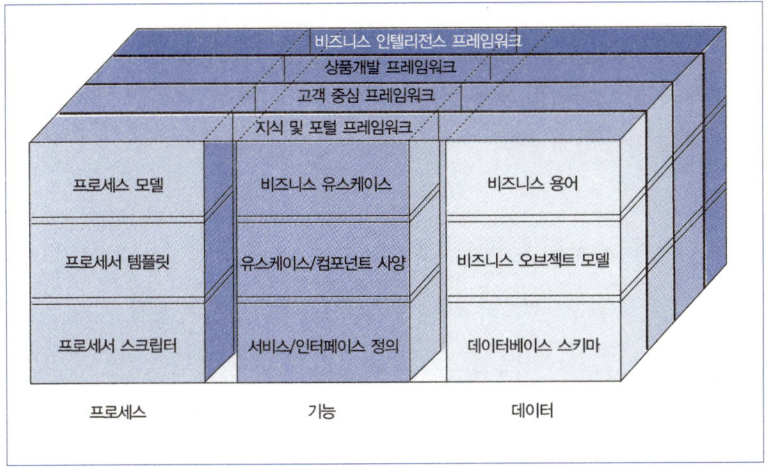

〈그림 5-12〉와 같은 프레임워크 구조는 실제로 다음과 같은 4가지 영역으로 실체화된다.

- 지식 및 포털 프레임워크 : 지식 및 포털 프레임워크는 모든 금융기관의 채널 인터페이스를 단순하게 하고 표준 인터페이스의 적용을 가능케 한다. 또한 사용자의 사용 편이성을 높여준다.
- 고객중심 프레임워크 : 고객중심 프레임워크는 고객정보의 통합 관리 및 고객 중심 시스템으로의 전환을 가능케 해준다. 또한 CRM의 근간이 되는 기본적인 고객정보의 관리를 가능케 한다.
- 상품개발 프레임워크 : 상품개발 프레임워크는 금융환경의 변화에 유연하게 대처할 수 있도록 신상품의 신속한 적용을 가능케 해준다. 또한 상품과 관련된 업무규칙을 분리·관리함으로

써 변경에 대해 유연한 대처를 가능케 한다.

- 비즈니스 인텔리전스 프레임워크: 비즈니스 인텔리전스 프레임워크는 데이터 통합 및 정합성 제고를 통해 시장에 대한 통찰력을 향상시켜 준다.

2-1 지식 및 포털 프레임워크

지식 및 포털 프레임워크는 각종 채널 및 고객 마케팅 기능을 각종 후선업무 및 지식 베이스와 연동시키기 위한 통합적 창구역할을 담당한다. 또한 이 프레임워크는 사용자 인터페이스(UI)의 변경을 통해 개인화에 대한 커스터마이징을 지원하며 UDDI, SOAP, 그리고 WSDL 등과 같은 인터넷 표준을 활용해 웹서비스를 통한 원격 포틀

그림 5-13 콘텐츠의 유기적인 통합

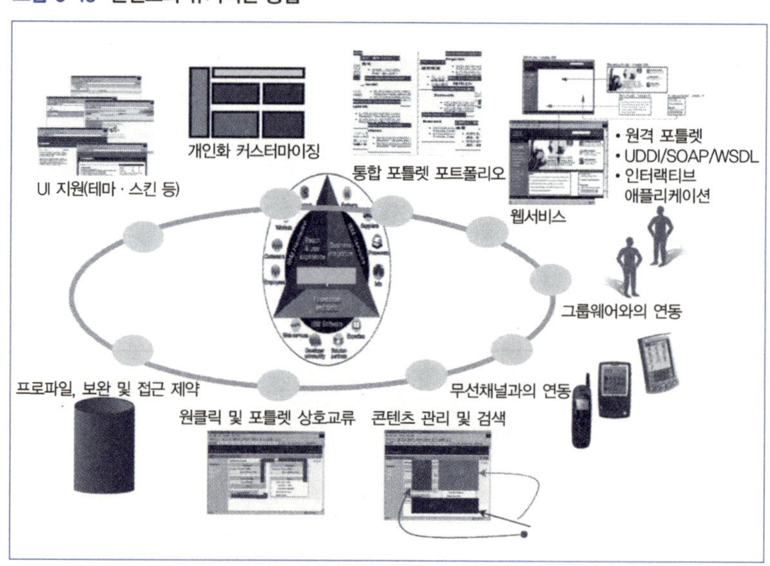

렛, 인터랙티브 애플리케이션을 제공한다.

2-2 고객중심 프레임워크

금융기관의 고객은 자연인으로 대표되는 개인고객 및 정부조직과 기업체 등을 포함하는 법인고객으로 분류할 수 있다. 현재 많은 금융기관의 고객정보가 업무(수신 · 여신 · 신용카드 · 보험 · 증권 등)별로 분산 · 관리되고 있다. 동일한 고객정보가 업무별 · 채널별로 중복관리됨으로써 고객정보의 일치성을 확보하기가 어렵다. 또한 고객정보가 분산되어 있어, 고객정보의 변경사항이 발생할 경우 최신 정보의 실시간 활용이 어렵다.

업무별로 분산되어 있는 고객정보의 중복을 제거해 하나의 통합고객 데이터베이스를 구축하고, 직원이나 고객이 영업점 · 웹 · 콜센터 등 어느 채널로 접근하더라도 통합고객 데이터베이스를 통해 고객정보를 일괄적으로 제공해야 한다. 이를 통해 모든 고객접점에서의 접촉이력을 공유하고, 일관된 마케팅 메시지를 전달하는 고객중심의 시스템을 구현해야 한다.

또한 통합된 고객정보는 여러 채널 및 업무를 통해 점진적으로 정보를 수집하고, 수집된 정보의 분석결과를 다시 통합고객 데이터베이스를 통해 다양한 채널에 제공해야 한다. 예를 들어 수신업무 및 신용카드 업무를 통해 수집된 고객의 신용정보는 여신약정을 체결하는 과정에서 고객의 신용정보로 활용될 수 있어야 한다.

또한 고객중심 프레임워크를 통해 수집된 고객정보는 후선의 비즈니스 인텔리전스 프레임워크로 전달 · 분석되고, 분석된 정보가

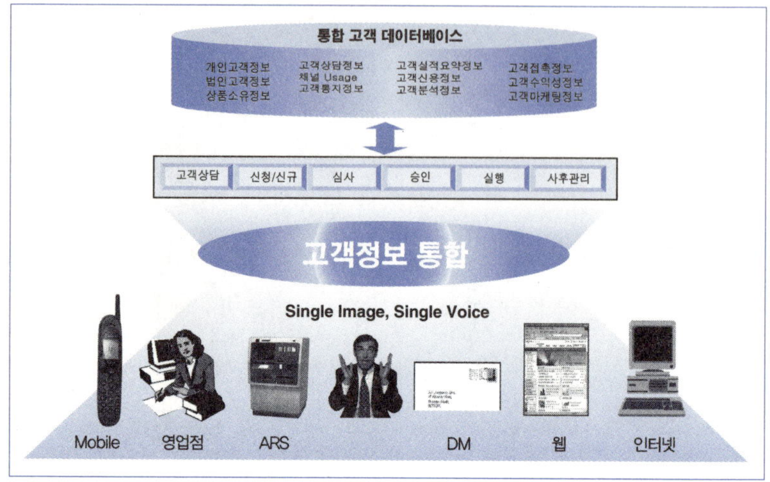

다시 고객중심 프레임워크로 전달되는 순환 협력적인 메커니즘이 구축된다. 이를 통해 고객중심의 서비스 지원이 가능해진다.

2-3 상품개발 프레임워크

상품개발 프레임워크에서 제시하고 있는 애플리케이션 아키텍처는 애플리케이션 개발의 전체 과정 및 전체 영역을 관장하는 틀로서 업무구성 측면, 업무처리 역할 측면, 거래처리 흐름 측면으로 구성된다.

현재 많은 금융기관의 상품개발이 업무별로 이루어지기 때문에 연계상품 및 복합상품의 개발에 많은 시간과 비용이 요구된다. 하지만 통합 고객정보를 기반으로 모든 상품 정보를 파라미터(parameter)화함으로써 신속한 상품개발과 고객별 맞춤상품의 개발이 가능해진다. 고객의 기본정보, 고객의 선호도, 이벤트, 접촉 이력을 포함하고

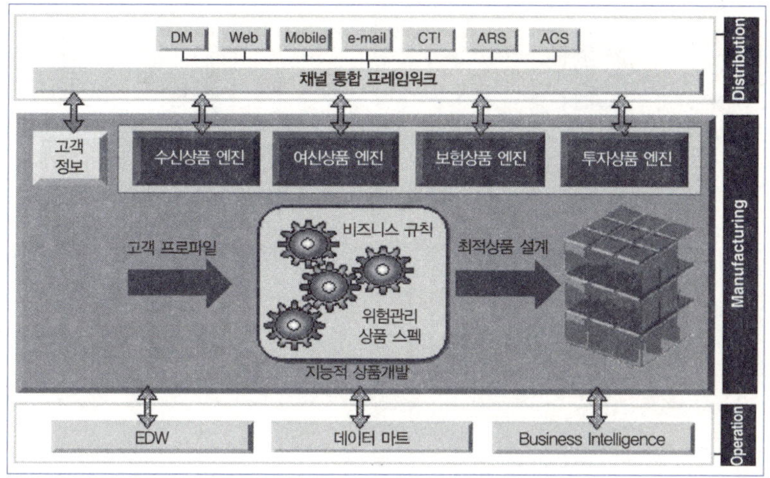

있는 통합 고객정보는 고객별 최적의 상품을 매칭하는 데 효과적으로 사용된다. 각 채널로부터 획득한 고객정보는 비즈니스 인텔리전스 프레임워크를 통해 고객 세그먼트 분석이 이루어지며, 분석결과가 고객별 상품개발 및 상품 매칭에 사용된다. 상품별 매칭 결과는 고객별 선호하는 마케팅 채널을 통해 효율적인 마케팅과 연계되며, 상품 판매의 결과는 상품별 모니터링을 통해 상품의 판매분석을 가능케 한다.

2-4 비즈니스 인텔리전스 프레임워크

금융기관의 전사적 데이터 웨어하우스를 효율적으로 구축하기 위해서는 소스(source) 데이터에 대한 관리가 이루어져야 한다. 소스 데이터는 통합 데이터의 구조를 가지고 데이터의 정합성 및 일치성

그림 5-16 코어 시스템의 아키텍처

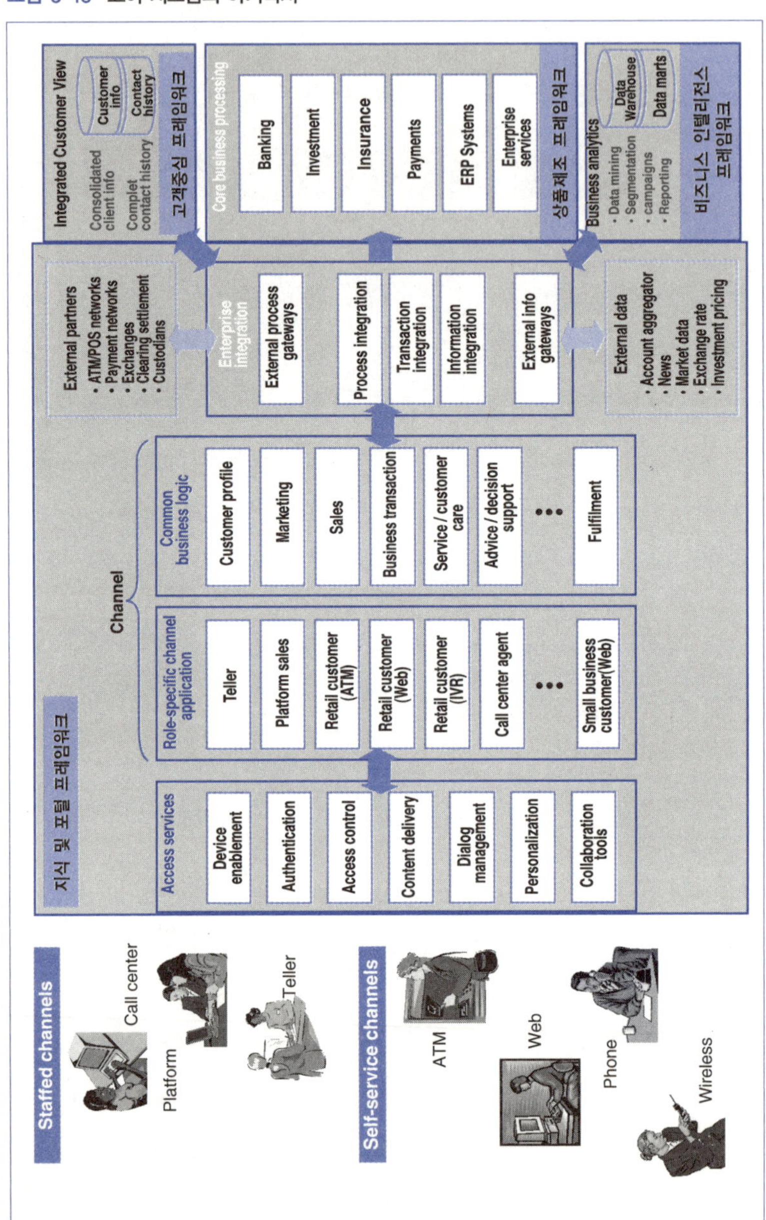

을 보장해야 한다. 금융기관의 통합정보 모델을 활용해 소스 데이터를 통합해야 한다. 또한 데이터 웨어하우스 모델을 이용해 금융기관의 전사 데이터 웨어하우스의 청사진을 제시하며, 데이터 마트와 데이터 웨어하우스 템플릿을 활용해 신속·정확하게 데이터 마트를 구현할 수 있다. 정확한 데이터 마트를 근간으로 경영평가, 리스크 정보, 수익관리 등에 정확한 결과를 얻을 수 있다. 이상과 같은 4가지 프레임워크를 구현하는 코어 시스템의 전체 아키텍처는 〈그림 5-16〉과 같이 효율적이고 재사용 가능한 구조로 구성된다.

3. 코어 시스템을 위한 기술적 기반

on-demand 시대의 코어 시스템 아키텍처에 대한 기술적 기반은 컴포넌트 기반에 근거한 서비스 중심 아키텍처(service-oriented architecture)와 통합 허브라 할 수 있다.

3-1 서비스 중심 아키텍처(service-oriented architecture : SOA)

서비스 중심 아키텍처는 컴포넌트와 그들 사이의 관계를 구성하는 아키텍처다. 서비스라는 용어는 대략 20여 년 동안 사용되어 왔다. 1990년대의 클라이언트-서버 개발환경에서의 '서비스'는 원격지에 있는 프로그램상의 기능(메서드) 호출을 가리켜왔다. 하지만 오늘날 서비스 중심 아키텍처의 개념에서 서비스란 서비스 인터페이스와 서비스 수행으로 구성된 공식적으로 합의하고 정의한 개방형 계약을 토대로 제공하는 소프트웨어 기능을 말한다. 따라서 서비스

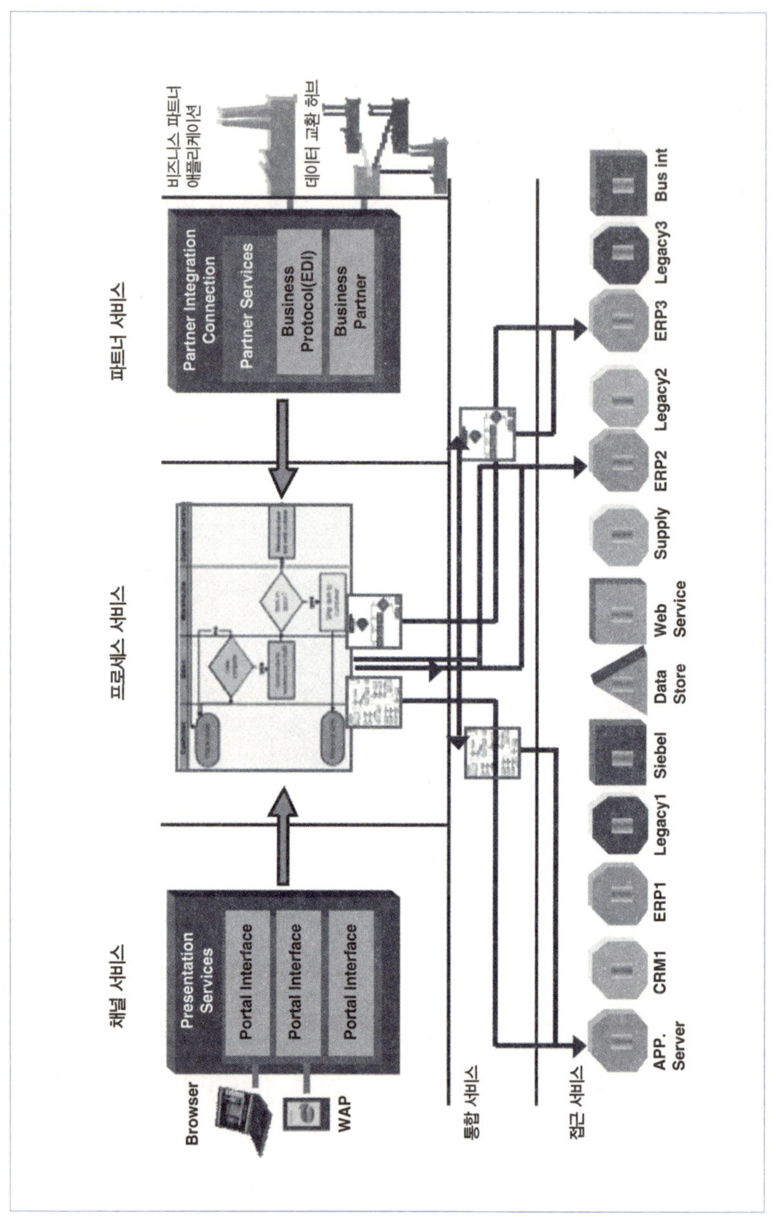
채널 서비스
프로세스 서비스
파트너 서비스
Presentation Services
Portal Interface
Portal Interface
Portal Interface
Browser
WAP
Partner Integration Connection
Partner Services
Business Protocol(EDI)
Business Partner
비즈니스 파트너 애플리케이션
데이터 교환 허브
통합 서비스
접근 서비스
APP. Server
CRM1
ERP1
Legacy1
Siebel
Data Store
Web Service
Supply
ERP2
Legacy2
ERP3
Legacy3
Bus int

중심 아키텍처의 설계란 서비스 인터페이스 및 서비스 간 상호작용
에 대한 설계를 의미한다.

서비스는 인터페이스에 대한 상호계약에 따라 다른 컴포넌트에
의해 사용되는 컴포넌트가 제공하는 행위다. 서비스는 네트워크상
에서 위치를 식별할 수 있는 인터페이스를 가지고 있으며, 상호운용
성이 강조되고 동적으로 사용될 수 있어야 한다.

서비스 중심 아키텍처는 논리적으로 상호 연결된 소프트웨어 모
듈을 정의하고, 개방형의 캡슐화된 인터페이스를 통해 독립적으로
재사용을 가능케 하고, 서비스 수혜자는 한 시점에서 동일한 이름의
서비스를 요청한다. 예를 들어 고객신용 승인과 같은 서비스의 수행
을 위해서는 최신의 SOA 애플리케이션에 의해 수행될 수도 있지만,
기존의 legacy 시스템 또는 외부기업과의 협업도 모두 이러한 서비
스 인터페이스를 거쳐 가능하게 할 수 있다.

서비스 중심 아키텍처를 적용했을 때의 주요 장점은 다음과 같다.
첫째, 금융기관과 공급자 간 비즈니스 파트너십을 강화시켜 준다.
서비스 중심의 아키텍처를 통해 금융기관과 공급자 간 시스템의 상
호 운영성이 강화되며, 대형 금융기관의 경우 신규 시장에 대한 접
근 속도를 높일 수 있다. 또한 소형 금융기관인 경우에는 최상위 기
능 조합방식(best of breed) 전략을 가능하게 한다. 둘째, 다양한 시스
템 통합 유연성을 제고할 수 있다. 서비스를 중심으로 조직 내의 시
스템 간 통합에 대한 기회가 증대되며 내부 시스템 간 서비스의 인
터페이스를 통해 상호 운영성을 높일 수 있다. 셋째, legacy 시스템
활용성이 증대되며 경영목표에 따라 시스템의 개발범위를 결정하

고, 기존 시스템을 재활용함으로써 투자의 효율성을 증대시킨다. 넷째, 다양한 애플리케이션 개발의 표준화가 이루어진다. 서비스 중심 아키텍처에 기반을 두고 있는 프로젝트 간에는 자원(인력 및 소프트웨어 프로그램 등)의 재활용이 가능하며 개발 기간을 단축할 수 있다. 또한 신규 비즈니스 분야에 대해서 시장 진입속도를 가속화할 수 있으며, 소프트웨어 및 유지·보수 비용을 크게 절감할 수 있다.

3-2 통합 허브

금융기관 내 비즈니스 컴포넌트를 최적화하고 산업 내 가치사슬에 따른 협업을 최적화하기 위해서는 기업 전체를 구성하고 있는 시스템들 사이에, 그리고 각 단위 시스템을 구성하고 있는 서브 시스템 사이에 상호의존성을 낮추어 특정 부분이 변경되더라도 다른 부분에 그 파급효과를 최소화하도록 구성, 변화에 유연하게 대응할 수 있도록 설계되어야 한다.

이를 위해서는 각 시스템을 유기적이면서도 상호 독립적으로 존재하게 해줄 수 있는 통일된 구심점, 즉 통합 허브를 두어 서로 직접 연결되지 않고 간접적으로 연결되도록 해야 한다. 이러한 통합 허브의 목적은 기업이 시장 변화에 맞추어 큰 충격을 받지 않고 점진적으로 변화할 수 있는 기반을 제공해 주며, 특정 부문에 특화된 제3자의 시스템이 필요한 경우에도 유기적 결합을 용이하게 도와주어, 궁극적으로 기업이 시장에서의 경쟁력을 높일 수 있도록 하는 것이다.

이러한 필요성은 〈그림 5-18〉을 통해 쉽게 이해할 수 있다. 여러

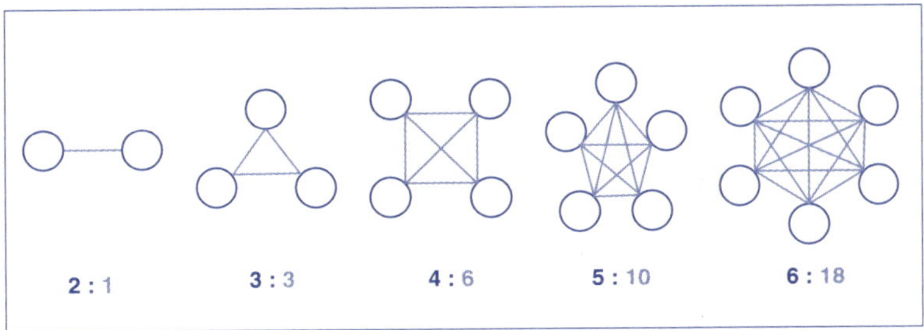

기술과 개발 주체들로부터 만들어진 시스템들을 함께 운용하다 보면 시스템 간에 발생되는 인터페이스는 기하급수적으로 많아진다.

〈그림 5-18〉은 시스템이 증가함에 따라 관리해야 할 인터페이스가 증가하는 것을 간단히 보여주고 있다. 그림에서 보는 바와 같이 시스템은 하나씩 증가하는 데 반해, 관련된 인터페이스들은 훨씬 커지는 것을 알 수 있다. 이렇게 구성된 전체 시스템 중 어느 한 부문에 변화가 발생하면, 이와 직접적인 관계를 가지고 있는 부문에도 영향을 미친다. 일반적인 기업 환경에서 시스템은 그림 〈5-18〉보다 매우 복잡하기 때문에, 시스템 간 인터페이스는 훨씬 많다.

기존에 만들어진 시스템들이 대부분 시간이 지남에 따라 그 연관 관계가 매우 복잡한 스파게티와 같은 모양이 되는 이유는 금융기관 내·외부 시스템 간 연결이 시스템 기능의 확장에 따라 필요한 경우 그때 그때 만들어진 것에 기인하는 경우가 많다.

효과적으로 정의·구축된 통합 허브는 이러한 시스템 운용의 어려움을 상당 부분 해소할 수 있도록 도와준다. 각 시스템은 다른 시스템과 직접적인 관계를 맺지 않고 통합 허브를 통해 간접적으로 연

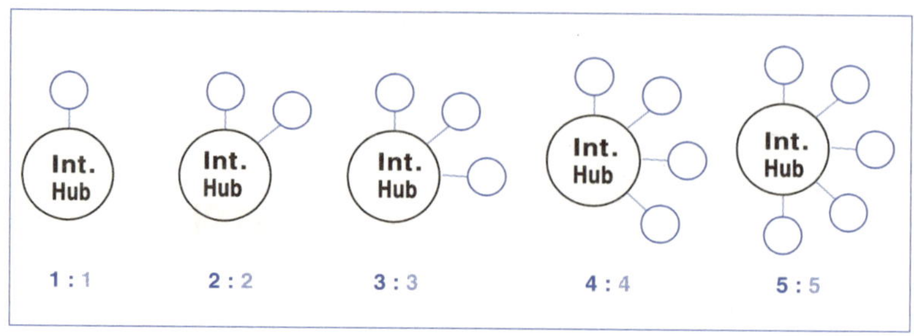

결됨으로써 상호 발생할 수 있는 변화에 대한 의존성을 극적으로 낮출 수 있는 것이다.

〈그림 5-19〉는 통합 허브가 시스템 간에서 완충역활을 수행하는 모습을 간략히 보여주고 있다.

시스템은 변경이나 추가가 발생할 경우 통합 허브와 관련된 부문만을 수정함으로써 다른 시스템에 대한 영향을 최소화하게 되며, 이에 따라 시스템 간 독립성을 보장하게 된다. 따라서 경영전략에 따라 특정 비즈니스 영역에 대한 진입과 퇴출이 자유로워진다.

앞에서 소개한 바와 같이, 코어 시스템에 대한 부분을 심도 있게 다루지 않고서는 금융 비즈니스의 혁신 및 개선을 논의할 수 없으며, 코어 비즈니스의 전환과 혁신은 코어 시스템 체계의 전환 및 혁신의 차원에서 동일하게 다루어져야 한다. 따라서 금융기관 입장에서는 코어 비즈니스의 진화에 따라 어느 시점에서 이 같은 코어 시스템의 전환을 시작해야 하는지가 중요한 문제로 떠오른다.

〈그림 5-20〉에서 보는 바와 같이 코어 시스템의 전환 고려 시점은 더 이상 기존 legacy 시스템으로는 비용절감과 운용의 효율성을 향상시킬 수 없다고 판단한 ❸의 시점이 되며, 코어 시스템의 전환 이후 ❺의 시점에서 각 부문별 비용절감 효과는 〈그림 5-21〉과 같은 분포가 될 것으로 예상된다.

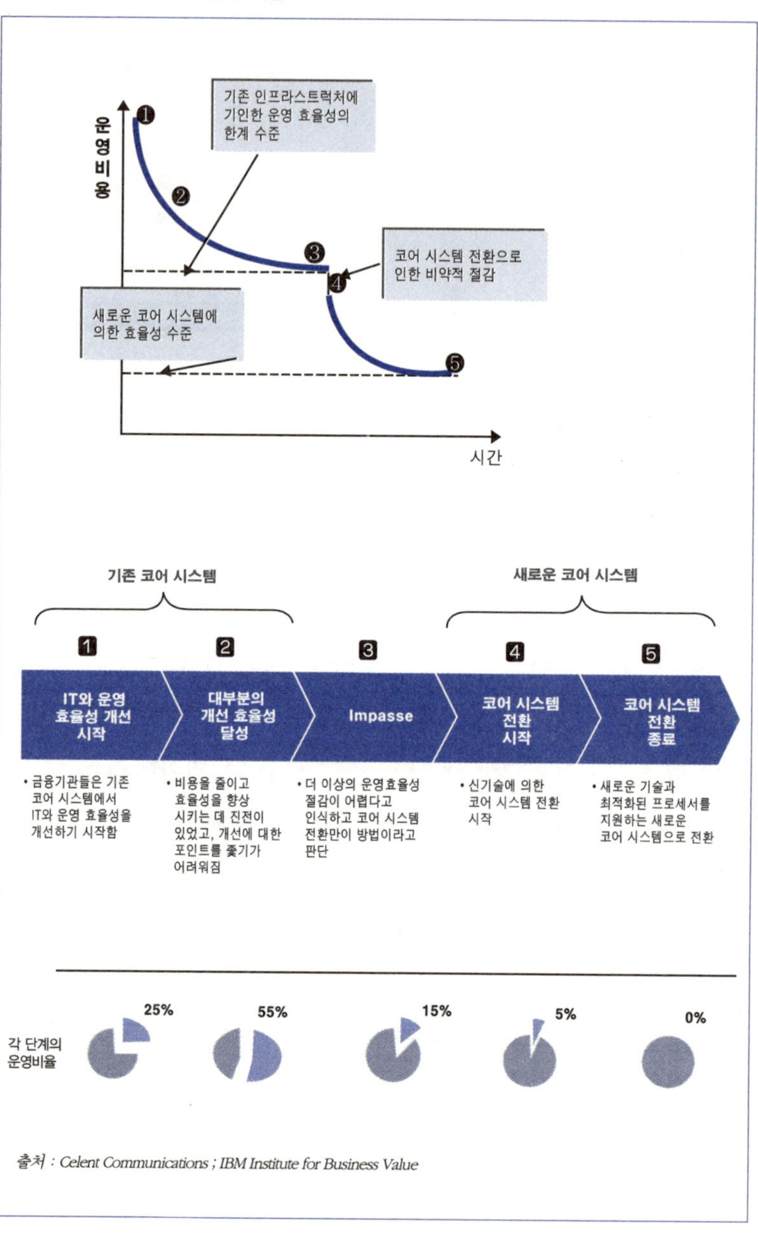

출처 : *Celent Communications ; IBM Institute for Business Value*

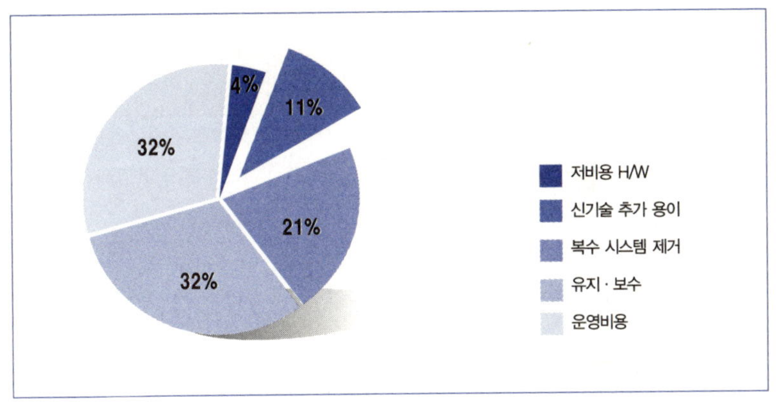

코어 시스템의 전환을 통해 얻을 수 있는 비용절감 효과 부분은 운영 및 유지 · 보수 비용과 복수 시스템의 제거로부터 얻어지는 효과가 가장 클 것으로 예상된다. 이러한 비용절감 부분은 금융기관이 코어 시스템의 전환에 대한 의사결정을 내리기 위한 중요한 요소로 작용할 것이다. 하지만 이러한 비용절감 효과만을 위해서 코어 시스템의 전환이 필요한 것은 아니며, 이와 더불어 변화하는 금융산업 환경과 중 · 장기적인 관점 하에서 금융기관이 지속적인 성장을 하기 위해서 반드시 필요한 과제다. 이는 수익 극대화를 위한 고객관계관리 역량의 강화와 경영관리 선진화를 위한 초석이 될 것이다.

●

금융기관의 **on-demand** 혁신전략

●

지은이 / IBM Business Consulting Services Korea
펴낸이 / 김경태
펴낸곳 / 한국경제신문 한경BP
등록 / 제2-315(1967. 5. 15)
제1판 1쇄 발행 / 2004년 3월 25일
제1판 2쇄 발행 / 2004년 4월 5일
주소 / 서울특별시 중구 중림동 441
홈페이지 / http://bp.hankyung.com
전자우편 / bp@hankyung.com
기획출판팀 / 3604-553~6
영업마케팅팀 / 3604-561~2, 595
FAX / 3604-599

●

파본이나 잘못된 책은 바꿔 드립니다.
ISBN 89-475-2473-5

●

값 18,000원